无畏组织

给领导信心且让员工安心的4种心理安全感

［美］蒂莫西·R. 克拉克（Timothy R. Clark） 著
闻俊杰 译

中国科学技术出版社
·北 京·

The 4 Stages of Psychological Safety: Defining the Path to Inclusion and Innovation by Timothy R. Clark.
Copyright © 2020 by Timothy R. Clark.
Copyright licensed by Berrett-Koehler Publishers arranged with Andrew Nurnberg Associates International Limited.
Simplified Chinese translation copyright ©2020 by China Science and Technology Press Co., Ltd. All rights reserved.
北京市版权局著作权合同登记 图字：01-2021-0160。

图书在版编目（CIP）数据

无畏组织：给领导信心且让员工安心的4种心理安全感 /（美）蒂莫西·R.克拉克著；闻俊杰译. —北京：中国科学技术出版社，2021.5
书名原文：The 4 Stages of Psychological Safety: Defining the Path to Inclusion and Innovation
ISBN 978-7-5046-9026-5

Ⅰ.①无… Ⅱ.①蒂… ②闻… Ⅲ.①管理心理学 Ⅳ.① C93-051

中国版本图书馆 CIP 数据核字 (2021) 第 084962 号

策划编辑	申永刚　吕赛熠	责任编辑	陈　洁
封面设计	马筱琨	版式设计	锋尚设计
责任校对	邓雪梅	责任印制	李晓霖

出　版	中国科学技术出版社
发　行	中国科学技术出版社有限公司发行部
地　址	北京市海淀区中关村南大街 16 号
邮　编	100081
发行电话	010-62173865
传　真	010-62173081
网　址	http://www.cspbooks.com.cn

开　本	880mm×1230mm　1/32
字　数	120 千字
印　张	6.75
版　次	2021 年 5 月第 1 版
印　次	2021 年 5 月第 1 次印刷
印　刷	北京盛通印刷股份有限公司
书　号	ISBN 978-7-5046-9026-5/C・173
定　价	69.00 元

（凡购买本社图书，如有缺页、倒页、脱页者，本社发行部负责调换）

致特蕾西

前　言

本书提出的是关于人际互动的理论。首先我来讲一下背景。几年前我和妻子特蕾西从英国回到美国，当时的我即将在英国牛津大学取得社会科学博士学位。本以为学生的穷酸日子要到头了，我会找到一份工作，干上一年，写完我的论文，然后去大学教书，从此过上幸福的生活。

但现实情况却不尽然。我走出象牙塔，却又进入了沙尘飞舞、闷热得让人汗流浃背的"重量级"钢铁厂——日内瓦钢铁公司。日内瓦钢铁公司由美国钢铁公司在第二次世界大战期间建造，是密西西比河以西最后一家完全一体化的钢铁厂。它占地1700英亩（1英亩=4046.86平方米），是一座堆砌了各种庞大机械的钢铁王国。它在工业产能上堪比梵蒂冈——一块位于大都市中的自给自足的飞地——拥有自己的火车、消防站、医院和高耸的大教堂。这家钢铁厂生产钢板、薄板和钢管，用于制造从桥梁到推土机的各种产品。我怀着对工人阶级的支持想法来到了工厂，以为知道自己将要面对什么，但其实一无所知。[1]

> **关键问题** 你是否有过被扔进一个完全陌生的环境的经历？你怀疑过当地人吗？你带有哪些偏见？

这是一个完全不同的世界。我身边的同事变成了经历过轮班工作制、忍受过裁员威胁的焊工、管道工与起重机操作员。这些整天置于安全帽阴影之下的人成了我的朋友，但这个弥漫着烟尘，日复一日进行机械式工作的地方毫无浪漫可言。车间是一个高风险、不允许出错的地方，在这里精准就是一切，一点差错都可能会致命。每一项工作的每一次操作、每一项任务都受制于数不清的安全工作规程，没有任何侥幸的机会。工厂无休止地宣扬安全，却反而让人不再相信。

于是悲剧发生了。一名维修工人被重达16吨的铁矿球压倒，当场死亡。那天晚些时候，我被派陪同首席执行官去向这名工人的家属传达这个可怕的消息，我不敢想象这个家庭会承受怎样的痛苦。后来我们了解到，酿成这场悲剧的原因是几名员工违反了安全规定。在之后的日子里，安全问题成为我的困扰，不过不是你所想象的那样。后来我意识到，心理安全感是包容与团队绩效的前提，也是形成创新文化的关键。

我获得了博士学位，是时候摘下安全帽、脱下工作靴离开工厂，换上我的粗花呢衣服，拿着粉笔在教室教书育人了。然而，意想不到的事情发生了：首席执行官希望我留下来担任工厂经理。于是我面临着两个完全不同的选择：要么安心于平静的学术生活，要么带领一支由2500名员工组成的团队深入工业"野兽"的内部工作。最后，特蕾西和我决定接受这个提议。为什么呢？因为这是一个难得的机会，我可以作为参与者和观察者在一个独特的环境中研究人类的行为。我能获得实地考察学习的机会，并有机会对我在牛津大学学到的完善的理论发起质疑。

担任工厂经理的第一天，我打电话预订了当天上午的运营会议，并直观感受到了工厂文化。房间里鸦雀无声,我凝视着20位负责人的脸。他们中的许多人的年龄大到与我的父亲年龄相仿,而现在他们却需要向我汇报。

这些负责人已经深深地适应了自我审查的社会环境,不得不尊重地位带来的权力,盲目地被权力拴着走。权力很重要。这些人明白权力在哪里——我手上。尽管我很年轻而且没有经验,他们依然会顺服于权力。事实上,我现在是团队的指挥中心、控制塔、说了算的领导者。正如社会学家C. 赖特·米尔斯(C.Wright Mills)所说的"最重要的是要有什么"。[2]这些负责人的经历使他们知道,无论是在情感上、政治上、经济上还是社会上,说出自己真实的想法会让他们付出代价,于是他们只能对我礼貌地点头哈腰,微笑着应对。

> **关键问题** 你是否曾大权在握?你是否曾无权在手?有无权力是否会改变你的行为?

每个社会学家都梦想着能在这样丰富的社会环境里进行实地考察。我所观察到的现象都迫切需要一个解释。但我的任务不仅仅是观察,我还要改革。要提高公司产能就要改革。小型钢铁厂的崛起颠覆了整个行业,它们开始主导市场,而老工厂因为过于陈旧而疲于竞争。为了提高生产效率,我们需要放弃赤裸裸的武力规则,消除人们对强制性权威的崇拜,以及他们通过恐吓诱导恐惧的倾向。整个组织需要彻底摆脱其受地位约束的威权统治模式。不塞不流,不止不行。不破坏就等着在下一次衰退中死去。

商业组织保持竞争优势才能得以生存,这最终意味着要孵化创新。如果你仔细观察,你会注意到创新从来不是一个天才独领风骚的时刻,相反地,创新是一个合作的过程。正如历史学家罗伯特·康奎斯特（Robert Conquest）曾经说过的那样，"容易理解的东西可能不容易想出来。"[3]创新从来都不是那么容易想出来的。它需要创造性摩擦和建设性冲突——这些过程依赖于高智力摩擦和低社会摩擦（图1）。[4]

通过管理这两类摩擦从而建立勇敢合作的生态系统是应用学科的领导力核心，然而大多数领导者并没有理解。这也许是对领导者的终极考验，也是其个人品格的直接体现。如果缺乏技能、正直和对人的尊重，高智力摩擦和低社会摩擦就不会发生，即便有桌球、免费午餐、开放的办公环境等福利也无济于事。

> **关键概念** 领导者的任务是在增加团队的智力摩擦的同时减少团队的社会摩擦。

但我却见证了相反的模式，反映在我们所谓的心理安全感缺失上。我很快意识到，我的管理不仅要保护人的身体，也要保护人的

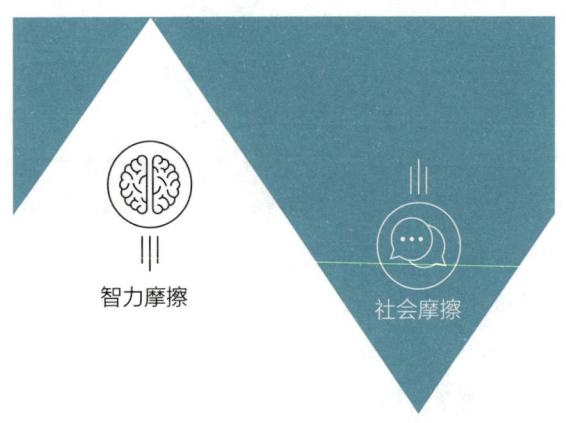

图1　增加智力摩擦，减少社会摩擦

心理。正如我亲身了解到的那样，缺乏身体安全可能会造成受伤或死亡，但缺乏心理安全可能会导致毁灭性的情感创伤——表现平平、抑制潜能，以及破坏个人的自我价值感等。这就意味着，那些缺乏心理安全并在高度活跃的市场中竞争的组织正在迅速走向灭亡。

关于领导力，你首先要知道的是，社会和文化背景对人们的行为方式有深远的影响，而你作为领导者对这种背景负有直接的责任。然后你要知道恐惧是你的敌人。恐惧克制了主动性，束缚了创造力，追求合规而不是承诺，并抑制了原本会爆发的创新。

> **关键概念** 组织中存在恐惧是领导力薄弱的第一个迹象。

如果你能消除存在于组织中的恐惧，建立真正的基于绩效的责任制，并创造一个允许员工在学习和成长过程中展现自己脆弱的培育环境，那么他们的表现就会超出你和他们自身的预期。

> **关键问题** 你所在的组织是否曾被恐惧支配？你是如何回应的？其他人是如何回应的？

作为日内瓦钢铁公司的工厂经理，我进行了长达5年的非正式人种学分析。而这段具有决定性意义的经历让我逐渐理解了为什么有些组织可以激发个人潜能，而有一些则不能。在过去的25年里，我一直是一名工作文化人类学家，也是一名研究心理安全的学生，我的老师则是来自社会各行各业的领导人和团队。

我发现心理安全感建立在人类自然需求的顺序之上（图2）。首先，人类希望参与其中；其次，他们想要学习；再次，他们想做出贡献；最后，当他们认为事情需要改变时，他们想要挑战现状。这一模式在所有组织和社会单位中都是一致的。

4. 挑战安全感

3. 贡献安全感

2. 学习安全感

1. 融入安全感

图 2　心理安全感的 4 个阶段

> **关键概念**　心理安全感：①融入其中；②放心学习；③放心贡献；④放心挑战现状——完全不用担心尴尬、被边缘化或受到某种惩罚。

渴望归属感是人类与生俱来的需求。就像一个无家可归的人在一块破烂的纸板上写的那样："如果你不是我的同类，请仁慈地对待我。"不久前，我十几岁的女儿玛丽去看了一场高中篮球赛。当时她举着一张海报，上面写了一句一针见血的话："我来这里是为了不失去朋友！"尽管我们渴望归属感，但是生活中的人际关系往往是支离破碎的。

本书讲述了破碎的人际交往，目标读者是商业领袖，但我要通过本书传达的信息适用于任何社会单位。我想要阐明我们是如何相处的，以解读沉默的科学，并探索怎样才能解放我们的声音，让我们更有效地联系在一起。具体来说，我想和大家分享我在心理安全感如何影响行为、表现和幸福感方面所学到的东西，帮助大家理解心理安全感背后的机制是什么，以及我们如何激活或停用它。

我的工作就是模式识别。谈到人们互动的方式，其模式是明确无误的，但挑战是普遍存在的。我要说的既是我的经验之谈，也是一种社会规范。我不会因为将冰冷而缺乏感情色彩的观察结果与充满热情的恳求结合在一起而道歉，因为所有的案例和要做的工作就是提供实际的指导。我将分享大量有关我自己的来自工作、学校和家庭的例子，因为我在家里学到的东西反映了我在组织中学到的东西。

| 关键问题 | 你是否意识到家庭生活几乎总是一个模拟和应用正确的人际交往原则最具挑战性的地方？

有时候我们很高尚，能够善待彼此；有时候我们极度不负责任，罪恶累累。翻看人类走过的历史，你可以发现这在很大程度上是一段令人不寒而栗的历史，一场战争，一部征服的编年史。玛雅·安吉罗（Maya Angela）用极小的文学声音描述了人类可悲的过去："纵观令我们不安的历史，我们以善的名义建造了邪恶之塔。我们的贪婪、恐惧与淫欲使我们能够谋杀诗人，可以谴责牧师，而他们都是我们的同类。自有历史记载开始到现在，我们一直都在做颠倒黑白的事。"[5]

为什么几千年后的今天，我们在技术上是先进的，而在社会行为上仍然是原始的呢？

作为社会型生物，我们的行为就像自由电子，既表现出吸引又表现出排斥。诚然，我们需要工作才能使社会蓬勃发展。然而，尽管知道这一点，我们还是饱受同情、疲劳之苦，为我们的盲点所困扰，并逐渐回归平庸。我们经历了从相互容纳到相互排斥的循环。事实上，对社会环境中的人类的研究在很大程度上是对排斥和恐惧的研究。例如，只有1/3的美国员工认为他们的观点很重要。[6]

> **关键问题** 在工作中，你是否感觉到被包容和倾听？在学校如何？在家里又如何？

尽管每个人都有自己独特的人生故事，但也会拥有共同的经历。我们都体会过被拒绝和责备的痛苦。与此同时，我们都有过被排斥和隔离、被操纵和控制、被剥夺和轻视，经历过拥有朋友与失去朋友。我们都曾因为种族、社会或其他人口和心理因素而划定界限，对他人做出不公正的判断，甚至待他人不善。我们之所以对边缘化略知一二，是因为我们都曾被边缘化。我们可以变得仁慈、富有同情心和善良。但正如哈莱姆文艺复兴时期的诗人兰斯顿·休斯（Langston Hughes）所说："我们也可能是'臭气熏天的'、卑鄙下流与刻薄的。"[7]

我们热爱创造，也喜欢毁灭。有时我们会像我在4年级时给蝴蝶分类一样给对方分类。我们会邀请也会拒绝他人，会包容也会排除他人，会倾听也会忽略他人，会治愈也会虐待他人，会将他人捧上神坛也会给人留下伤痕。我们的多变让人又爱又恨。

> **关键问题** 你是否曾排斥、操纵或冷漠地对待别人？你人生中是否有某个阶段变得"臭气熏天"、卑鄙下流与刻薄？

我从来没有见过一个绝对可靠的人，也没有遇到一个完美的父母、老师或者教练。每个人都是在进步中的作品，都是希望成就伟业的学徒。我们都是残缺的、受伤的,但也拥有令人惊叹的天赋。

有一种理想化的概念,认为我们可以选择脱离社会过着与世隔绝的生活。这种试图躲开尘世纷争而选择静修的替代方案永远不会奏效,虚拟现实就是一个人们为放纵自我创造的幻想。事实是,我们彼此相融、相互牵连、相互束缚,但又相互塑造了彼此。汉娜·阿伦特(Hannah Arendt)明智地观察到,"世界存在于人与人之间,而中间的存在……是今天世界上几乎所有国家最担忧和最明显的动乱对象。"[8]

打开你自己

请你不要为了获取信息而阅读本书,要为了付诸行动和改变而阅读本书。请你扪心自问,鼓起勇气对自己进行一次透彻而又无畏的个人盘点。如果你碰巧领导着一个家庭、团队或者组织,那么请顺便再进行一次制度上的检查。

我有4个问题要问你:

- 第一,你真的相信所有人都生而平等吗?即使他们的价值观与你的不同,你是否仅仅因为他们也是有血有肉的人就接纳和欢迎他们进入你的生活?
- 第二,在没有偏见或歧视的情况下,你会鼓励别人学习和成长吗?即使在这个过程中他们会缺乏信心或者犯错,你也会支持他们吗?
- 第三,当其他人展示他们交付成果的能力时,你是否能给予他们最大的自主权,让他们以自己的方式做出贡献?

- 第四，为了让事情变得更好，你会一直邀请别人挑战现状吗？基于你已经形成的谦逊和学习的心态，你自己是否为犯错做好了准备？

这4个问题与心理安全感的4个阶段一致。在很大程度上，你回答这些问题的方式将决定你如何评价别人以及你与别人的关系。它将定义你吸引或者拒绝他人、建立信心或者引发恐惧、鼓励或者劝阻的方式，也将决定你如何领导和影响他人。

哲学家托马斯·霍布斯（Thomas Hobbes）说："全人类都有一种普遍的倾向——永恒不变的追逐权力的欲望，这种欲望只有在死亡时才会停止。"[9]这种对权力、财富和扩张的渴望与人类繁荣的目标背道而驰，因为我们是联系在一起的，而不是独立存在的。正如前坎特伯雷大主教罗恩·威廉姆斯（Rowan Williams）所说："我们通过联系相互治愈，这是孤立做不到的。"[10]

划定界限和互相排斥并不是我们与生俱来的。我们对权力和荣誉的崇拜、不安全感和普通人的自私才导致彼此疏离。作为人类，我们渴望忠诚。然而，我们从对忠诚的渴望中产生了差异，又从差异中产生了分歧。而身份、等级和地位正是我们分歧的产物。正是由于人与人之间的这些分歧，人们变得不再同情对方，开始互相比较，恐惧和嫉妒浮现，冲突产生，敌意孕育，甚至使人类某些与生俱来的虐待和残忍的破坏本能与冲动产生。但我们依旧顽固偏执，发明了教条主义来证明我们折磨对方的方式是正当的。具有讽刺意味的是，在数字时代，我们相互联系却又倍感孤独，相互比较然后自叹不如。[11]因此，如果你突然感觉自己"力不从心"，那就在你最喜欢的社交媒体平台上花一个小时去放松一下吧。

> **关键概念** 当你在与他人比较和竞争时，你已经失去了与他人联系的能力。
>
> **关键问题** 在你的生活中，你有没有因为在某一方面与他人进行无益或能带来伤害的比较而丧失了与他人联系的能力？

我们可以是彼此的朋友，但也可以是焦土上清凉的雨水，就像牧师和治疗师那样，力所能及地对他人饱含同情，慷慨解囊和无私地提供服务。我不是在鼓吹英雄主义和伟大的自我牺牲精神，而是我希望我们至少应该不加区别地对待他人。我们要接受他人，鼓励他人，尊重他人，允许他人。如果你想要快乐，那就和你的同伴和睦相处吧。脱下你高高在上的伪装，不要再袖手旁观，主动向他人伸出援手。我们中的大多数人不能享受我们应得的权利，被困在了叶芝（W. B. Yeats）所说的"内心那肮脏破败的杂货铺里"。[12] 如果你能为你的同伴创造一点心理安全感，这将改变你和他们的生活。现在我邀请你做出改变，改变你看待和对待他人的方式。这个过程既会带来欢乐，也会带来痛苦。我们还没有完全准备好，所以真正的问题是：你愿意吗？

真正站在现代性前沿的不是人工智能，而是情感和社会智力。下面我将告诉你原因。

关键概念

- 领导者的任务是在增加团队的智力摩擦的同时减少团队的社会摩擦。

- 组织中存在恐惧是领导力薄弱的第一个迹象。
- 心理安全感：①融入其中；②放心学习；③放心贡献；④放心挑战现状——完全不用担心尴尬、被边缘化或受到某种惩罚。
- 当你在与他人比较和竞争时，你已经失去了与他人联系的能力。

关键问题

- 你是否有过被扔进一个完全陌生的环境的经历？你怀疑过当地人吗？你带有哪些偏见？
- 你是否曾大权在握？你是否曾无权在手？有无权力是否会改变你的行为？
- 你所在的组织是否曾被恐惧支配？你是如何回应的？其他人是如何回应的？
- 你是否意识到家庭生活几乎总是一个模拟和应用正确的人际交往原则最具挑战性的地方？
- 在工作中，你是否感觉到被包容和倾听？在学校如何？在家里又如何？
- 你是否曾排斥、操纵或冷漠地对待别人？你人生中是否有某个阶段变得"臭气熏天"、卑鄙下流与刻薄？
- 在你的生活中，你有没有因为在某一方面与他人进行无益或能带来伤害的比较而丧失了与他人联系的能力？

四大问题

- 第一，你真的相信所有人都生而平等吗？即使他们的价值观与你的不同，你是否仅仅因为他们也是有血有肉的人就接纳和欢迎他们进入你的生活？
- 第二，在没有偏见或歧视的情况下，你会鼓励别人学习和成长吗？即使在这个过程中他们会缺乏信心或者犯错，你也会支持他们吗？
- 第三，当其他人展示他们交付成果的能力时，你是否能给予他们最大的自主权，让他们以自己的方式做出贡献？
- 第四，为了让事情变得更好，你会一直邀请别人挑战现状吗？基于你已经形成的谦逊和学习的心态，你自己是否为犯错做好了准备？

目 录

- 1 导读
- 24 第一阶段　融入安全感
- 55 第二阶段　学习安全感
- 88 第三阶段　贡献安全感
- 125 第四阶段　挑战安全感
- 163 结论　避免家长式作风和剥削主义
- 183 参考文献
- 194 致谢

导　读

　　我的童年在美国科罗拉多州的杜兰戈度过。我父亲是当地纳瓦霍族中的一名教师。纳瓦霍族是仅次于切罗基族的第二大美洲土著部落。虽然我们不是美洲原住民，不是部落成员，也不会讲纳瓦霍语，但这些纳瓦霍人还是欢迎我们加入他们的社会。我们之间的文化差异很大，这种差异也没有神奇地消失，但他们却逐渐地接受了我们，通过感情纽带的延伸，作为一个小孩的我感受到了归属感。他们接纳了我们，让我们有了家的归属感。

　　有一次我和父亲一起去了一个遥远的地方。当我们开车经过一个小村落时，我们看见一个人站在外面。于是父亲停下来，走过去迎接那个男人。父亲知道如果自己没有停下，那可能会引起怀疑，因为非土著美国人在这个偏僻的地方游荡是很可疑的。我待在车里观察着他们之间的交流：男人没有握手，也没有任何形式的问候。我也不能在这个男人的脸上看到任何能表明他的心情或态度的表情。他看起来十分冷漠，而这种平淡让我觉得他并不高兴。没有微笑或者挥手，两个人就分开了。当我父亲回到车里的时候，我确信他得罪了那个人。

> **关键问题**　你是否曾因为不了解文化差异而误解了他人？

"他生气了吗？"父亲回到车里之后我问道。

父亲一脸疑惑地看着我回答道："他说我们可以待在他的土地上，还可以去他的小溪里洗澡。"

由此看来，我完全错误地解读了这一次会面。

在与人接触之前，我们处于分离的状态，但并非排斥。我们是陌生人，但并不疏远。当我们开始互动时，我们就开始决定自己是否以及如何接受对方进入彼此的社会。我们接受或者拒绝、包容或者排斥的方式有很多，但人与人之间划定界限的主要方式是给予或抑制心理安全感。我再重复一下这个定义。

> **关键概念**　心理安全感：①融入其中；②放心学习；③放心贡献；④放心挑战现状——完全不用担心尴尬、被边缘化或受到某种惩罚。

心理安全感的概念早在人类第一次有交流的时候就出现了。但自从心理学家威廉·卡恩（William Kahn）于1990年首次提出这个概念以后，一直到近些年我们才统一了术语。其他开创性的研究人员如埃德加·沙因（Edgar Schein）、沃伦·本尼斯（Warren Bennis）和艾米·埃德蒙森（Amy Edmondson）等人帮助我们了解心理安全感如何以及其为什么直接关系到团队绩效和商业决策。[1]过去我们用其他术语来确定心理安全感及其因变量。例如，卡尔·R.罗杰斯（Carl R. Rogers）谈到了"无条件正面关注"[2]的必要性；道格拉斯·麦格雷戈（Douglas McGregor）提到了非物质的"安全需求"[3]；诺贝尔奖得主赫伯特·A.西蒙（Herbert A. Simon）认为，全面发展的组织需要"友好和合作的态度"[4]；最后，如果你回到亚伯拉罕·H.马斯洛（Abraham H. Maslow）的观点，你会发现他确定了"归属感需求"，他认为："如果生理和安全需求都得到了很好的满足，那么就会出现爱、被爱和归属感的需求。"[5]

心理安全感属于后物质主义需求，但它的重要性不亚于人类对食物或者住所的需求。事实上，你甚至可以说心理安全感是在社会和情感意义上必要的自我保护的体现，你也可以称它为"加工过的爱"。埃里希·弗洛姆（Eric Fromm）解释说："除非人属于某个地方，或者其生活有某种意义和方向，否则他会觉得自己像一粒尘埃，并被自己的微不足道所打败。他将无法与任何赋予他的生活意义和方向的系统联系在一起，并充满怀疑，而这种怀疑最终将使他丧失行动的能力——生活的能力。"[6]

在需求层次中，心理安全感包含自我实现的需要、尊重的需要、归属与爱的需要和安全的需要——5种基本需求中的4种（图0-1）。一旦食物和住所的基本生理的需要得到满足，心理安全就成为当务之急。

> **关键问题** 在生活中，你是否会因在某方面缺乏心理安全感而丧失行动、生活和快乐的能力？

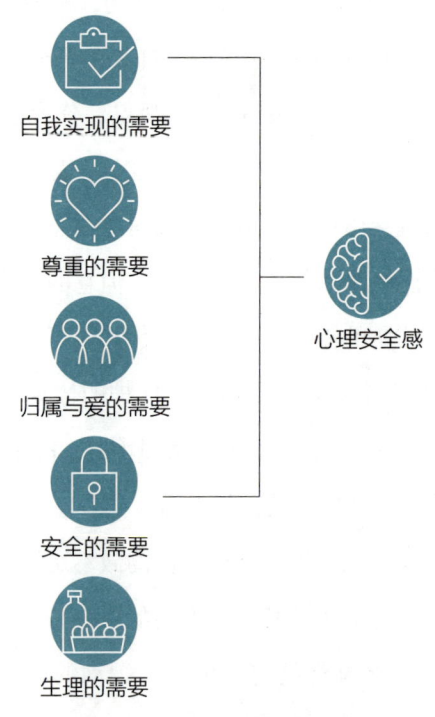

图 0-1　心理安全感与需求层次

想象一下，你在社交场合可能会遭遇的尴尬、被边缘化或被拒绝的情景——老师无视你的问题，老板批评你的想法，同事嘲笑你的英语发音，选角总监嘲笑你的试镜，教练因为你的一个失误而大吼大叫，你的团队抛弃了你去吃午饭，诸如此类你被剥夺心理安全感的时刻。

你还记得那些令你尴尬、受伤的经历吗？这些经历之所以挥之不去，是因为它们直扎人心。

那么，这些经历会影响你的行为吗？正如社会学家阿莉·拉塞尔·霍赫希尔德（Arlie Russell Hochschild）所说："感觉是行动前的一种表现形式。"[7]当我们受到冷落、拒绝、排斥或孤立时，当我们受到欺凌、骚扰或羞辱时，当我们受到鄙视、回避或忽视时……这些经历都不是积极的事件，它们会让我们情绪低落、疏远他人，并激活大脑的疼痛中枢。这些经历粉碎了我们的信心，让我们陷入怨恨、愚蠢的沉默之中。事实上，有时我们对这些感觉的恐惧远胜于对事件本身的恐惧，这种感受更让人软弱无力。显然，我们的感受会影响我们的想法和行为。

如果无法发声或者遭受不公平对待，我们的表现、创造的价值以及发展的能力就会受到严重影响。作为人类，我们出于本能会感觉到周围的氛围与变化，并做出相应的反应。

但这不是一个二元命题——心理安全感不只是简单的是与否的问题。不管是普通家庭还是海军陆战队，不管是食品车间还是政府部门，每个社会单位都存在一定程度的心理安全感问题。

在组织中，人们发现极高的心理安全感能够提高绩效与产生创新；而较低的心理安全感会导致低生产率和高流失率，给组织带来损失。谷歌公司的"亚里士多德"项目证明了高智商和金钱不一定成正比。该项目在研究了180个团队之后发现，个人的智慧和资源并不能弥补团队在心理安全方面的缺乏。事实上，谷歌将心理安全感作为解释高绩效的最重要因素。[8]

> **关键概念** 希望员工全力以赴工作的组织应该让全体员工参与进来。

拥有较高心理安全感的人拥有更多的自主权，可以更加自由地选择努力的方向，从而提高学习和解决问题的速度。而当心理安全感较低时，人们就不会勉强自己克服恐惧。取而代之的是，他们会关闭心扉、自我审查，并将精力重新引导到风险管理、避免痛苦和自我保护上。正如沃尔玛（Walmart）前执行副总裁西莉亚·斯旺森（Celia Swanson）所说："做出反对'有毒'文化的决定，可能是员工在职业生涯中所做的最艰难的决定之一。"[9]

> **关键概念**
>
> 进入21世纪，高心理安全感将成为一个就业条件，而不提供这种安全感的组织将失去他们的顶尖人才。

我在来自不同行业、不同文化和拥有不同人群构成的组织中进行了调查，发现社会单位给予心理安全感的方式与个人看待心理安全感的方式是一致的。在尊重和许可的基础上，4个发展阶段有一个自然的发展过程。我所说的尊重，是指我们对彼此的尊重与敬重，尊重某人就是珍视和欣赏他们。我所说的许可，是指给予他人作为社会单位成员参与的许可，即允许他人影响我们并参与我们正在做的事情。

随着组织给予个人越来越多的尊重和许可，个人的行为也会反映出他们的心理安全水平。组织要在每个阶段都鼓励个人更多地参与，以加快个人发展和价值创造的过程。

> **关键概念**
>
> 在合作时，如果人们有较高的心理安全感，那么他们就能在合作中得到足够的发展。

"心理安全感的4个阶段"框架可以作为诊断工具来评估一个组织或者社会单位所处的心理安全阶段（图0-2）。以下对每个阶段的解释仅为摘要，我将在书的后续部分更详细地探索这4个阶段中的每一个阶段。

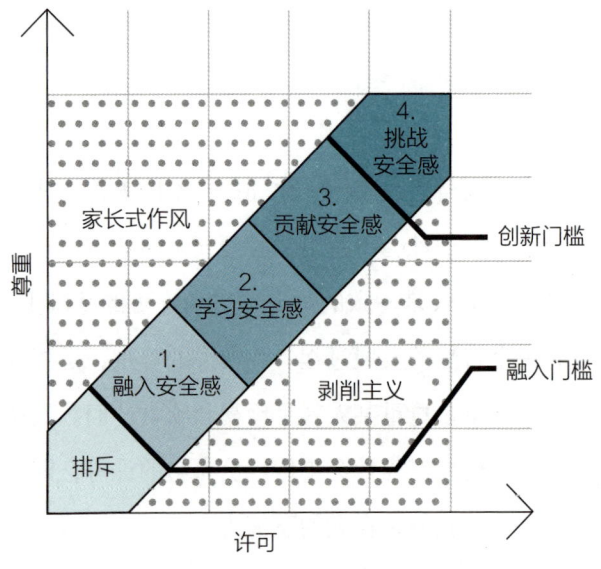

图 0-2　融入创新的过程

第一阶段　融入安全感

心理安全感的第一步是非正式性地进入团队——无论是社区读书俱乐部还是其他社会单位。换句话说，社会集体的成员接受你，并赋予你一个共同的身份。这时的你已经失去了局外人的身份，被带进了圈子。但重要的是你要明白融入安全感不仅仅是包容，它不是试图掩盖分歧或者礼貌地假装分歧不存在，而是通过真诚地邀请他人进入自己的社会产生的，而唯一的条件是他人也是拥有血肉之躯的人。这种超然的联系取代了其他不同之处。

> **关键概念** 被接受的需要先于被倾听的需要。

作为人类，我们既有与生俱来的本能，又有后天习得的社交能力，能够探测社交边界，并跨越这些边界接受邀请或拒绝，以此去感知社会给予我们的尊重和许可的程度。

例如，当一名高中生问她的同学："我可以和你们一起吃午饭吗？"如果她的同学同意，就会增加她的融入安全感；如果她的同学不同意，这名高中生就不能跨过融入的门槛；当然还有一种更微妙的情况是她的同学直接从她身边走过并忽视了她。在某些情况下，人们会忽视对方，并认为这是一种表达蔑视的温和方式。但无论如何，当你被抛弃时，抑或遭受拒绝时，你会感到痛苦。美国大学健康协会（American College Health Association）对美国本科生进行的一项调查发现，63%的受访学生表示"非常孤独"，这几乎是学生总数的2/3。[10]这个例子凸显了我们对融入的迫切需求。尽管我们在物质上很富有，但在社交与情感方面却越来越贫瘠。[11]

> **关键概念** 被忽视往往和被拒绝一样痛苦。

美国心理学之父威廉·詹姆斯（William James）曾说："再也没有什么能比一个人被其他社会成员完全忽视更残忍的惩罚了。如果我们进入房间的时候没有一个人转过身来，我们说话的时候没有一个人回答，或者没有一个人在意我们做了什么。就像这样如果我们遇到的每个人都'不理睬我们'，表现得好像我们不存在一样，不久之后，一种愤怒而又无能为力的绝望感就会在我们心中涌现，这时候对我们而言即使最残酷的肉体折磨也将成为一种解脱。"[12]

为什么随机犯罪的罪犯要杀害无辜的受害者？为什么市民会有尖酸刻薄的言辞和仇恨呢？为什么仅仅在过去的18年里，美国的自杀率就上升了33%？[13]这些悲剧与人和人之间的疏远、不满和排斥有直接关系，是因为需求得不到满足。显然，给予和获得融入安全感不仅意味着个人幸福与否，实际上也是生死攸关的问题。

> **关键概念** 当人们无法获得彼此的接受或认可时，他们通常会寻求关注作为替代，即使这种关注是具有破坏性的。

人们要产生并维持融入安全感，需要重新融入团队，并被团队重复表明接受。在商业社会，当我们被录用时，我们被正式接纳为团队成员，但非正式的成员资格是由与我们共事的人授予的。你可能是软件开发团队的新员工，这让你拥有正式的成员身份，但你仍然需要得到团队的社会文化认可才能获得融入安全感。赋予融入安全感是一项道德要求。

第二阶段　学习安全感

　　学习安全感允许你放心地参与发现的过程、提出问题和进行实验，甚至犯错——不是指让你放心地去犯错，而是让你不用担心因犯错而受到惩罚。如果没有学习安全感，你很可能会因为超越默许界限采取行动并带来风险而保持被动。这一点无论是在儿童、青少年还是成年人中都是相同的：我们都给学习过程增加了限制和焦虑。

> **关键概念**　当人们在学习过程中受到外部的轻视、贬低或严厉纠正时，学习安全感会遭到破坏。

　　一个安全的学习环境会激发人们的潜能，培养人们的自信、韧性和独立性。

　　虽然个人在融入安全感阶段可以保持相对被动，但学习安全感阶段则需要人们充分发挥自己的能力和发展自我效能感。这个阶段他们不再是旁观者，向学习安全感的过渡意味着他们要跨入未知的焦虑之中。当存在学习安全感时，领导者和团队甚至可以帮员工提升一些其缺乏的信心。例如，法国哲学家阿尔贝特·加缪（Albert Camus）在1957年获得诺贝尔文学奖几天后，给他的小学老师写了一封感谢信。他说："亲爱的热尔曼先生，如果没有你，如果没有你对我这个可怜的孩子伸出的深情之手，以及你的教导和榜样力量，这一切都不会发生。"[14]

　　学习安全感意味着在规定的范围内参与活动。例如，我曾看到一个管道工学徒在工地帮助一位更有经验的管道工师傅。学徒在准备工具和材料时可以放心地观察、提问，并以有限的方式为工作做出贡献。当管道工师傅积极热情地回答学徒的问题时，学徒能够拥有更多自由支配的精力去学习和实践，并最终成长为正式的管道工。

　　在另一个截然不同的案例中，我目睹了一位酒店经理对一名前台职员的不满升级的过程。这名前台职员正试图解决一个紧迫的有关客户的问题，职员问的问题越多，经理就越沮丧。经理的这种挫折感取代了他应该给予的尊重和许可，造成了一种情感障碍，使这名职员不愿问更多问题，也不愿采取行动。

不出所料，这名职员开始表现得像一个顺从的受害者，丧失了工作的主动性和热情。

第三阶段　贡献安全感

随着个人表现在给予尊重和许可的培育环境中的提升，我们进入了贡献安全感阶段，这就要求个人作为团队中的一名积极、成熟的成员参与进来。贡献安全感意味着邀请和期望，即在假定你能够胜任你工作的前提下，在适当的范围内执行指定的工作。如果你没有违反团队的规章制度，当你获得必要的技能和完成所分配任务的能力时，你通常会获得贡献安全感。

> **关键概念**　当个人表现突出时，组织通常会给予其更多的自主权来做出贡献。

能否转化为贡献安全感也可能与证书、头衔、职位和是否正式授权有关。例如，当教练选择球队中的一名球员加入首发阵容时，通常该名球员马上会获得贡献安全感。当一家医院雇用了一名合格的外科医生时，该医生就正式获得了贡献安全感。因此，尽管正式授权或证书只是给予某个职位的前提，但人们却因为获得了正式或者合法的贡献权利而部分代替了心理安全感。

尽管有能力做某项工作，但个人可能会因为不正当的原因而被剥夺贡献安全感，包括领导者的傲慢或者不安全感，个人或制度上的偏见或者歧视，以及普遍存在的团队规定之下不体恤员工而导致缺乏同情心与过于冷漠。当个人表现良好时，贡献安全感就会产生，但领导者必须尽自己的一份力，为成员提供鼓励和适当的自主权。

第四阶段　挑战安全感

心理安全感的最后一个阶段是允许个人挑战现状而不会受到报复，也不会存在损害个人地位或名誉的风险。它给予了你自信，当你认为有些事情需要改变并且迫在眉睫的时候，你可以对权力说实话。在挑战安全感的作用下，你可以克服遵守规则的压力，让自己参与到创造过程中来。

领英（LinkedIn）曾进行过一项研究，通过分析拥有超过5万项技能的海量数据库以确定最重要的人际交往技巧。你能猜到最重要的技能是什么吗？答案是"创意"。[15]但是只有创意是远远不够的。只有当人们感到自由和有能力时，他们才会发挥创造力。我们每个人都用情感的钥匙保护自己的创造力，只有在安全的情况下,我们才会把钥匙从里面翻出来。如果没有挑战安全感,这种可能微乎其微,因为威胁、判断和其他限制性因素阻碍了我们自己和他人的好奇心。

> **关键问题** | 如果你察觉不到周围人对你高度的尊重和许可,你创新的可能性有多大?

一家跨国公司的中层经理这样总结道:"我非常小心地伸出脖子试图挑战现状。如果我这样做了,而且没有被砍头,我还会再来一次。如果我的头被砍下来了,你放心,我不会再把我的想法说出去。"

这一段话说明了所有人都拥有自我审查的本能,以及挑战安全感带来的固有竞争优势。挑战安全感的开放氛围使组织将自有知识从组织的底层传播到高层,以提高其适应能力。但这并不是全部:它还赋予人们好奇心和创造力。

如果你对任何一家失败的商业机构进行失败原因剖析,你会发现归根结底是这些商业机构缺乏挑战安全感。例如,为什么柯达、百视达、Palm等都失败了?因为这些商业机构没有创新而失去了竞争优势。但它们为什么没有创新呢?这些组织拥有大量高智商人才,但他们都成了藏在眼皮底下的竞争威胁的牺牲品。这些组织的竞争对手实施的竞争战略并不神秘,事实上是显而易见的。这些组织未能做到的是挑战现状和颠覆自己。正如梭罗所说，它们被"埋葬在传统的坟墓里"，它们任由体制僵化，不允许自己改变现状。

审视现状的过程通常会带来一定程度的冲突、对抗，有时还会造成一定程度的混乱。当人们受到谴责或惩罚时，当智力冲突转变为人际冲突时，当恐惧成为激励因素时，这个过程就会崩溃，人们就会沉默。

> **关键概念** 不能容忍坦率就不会有建设性的异议。没有建设性的异议就没有创新。

挑战安全感是创新的许可证。领导者的工作是管理紧张局势，激发人们的集体智慧，然后通过反复试验来确保这一过程能循环往复。团队的相互依赖使其变得更加出色。但组织往往不愿为个人提供挑战安全感，因为它威胁到权力、资源分配、激励制度、奖励制度和运营制度。创新是经济增长的命脉，但也是一项艰巨的文化挑战。有些组织永远不会明白这一点。而有的组织尝试过创新，但最终放弃了。百思买（Best Buy）首席执行官布拉德·安德森（Brad Anderson）观察到："组织都有各自的习惯，它们有时会以牺牲自身生存为代价坚持这种习惯。"[16]这种模式在个人层面也是如此。

> **关键问题** 你有哪些陈腐的习惯需要改变？

对于许多领导者来说,让他们看上去有弱点的要求超出了他们的道德、情感和智力。这就是为什么他们无法跨过创新的门槛,在他们的组织中创造出如此高水平的心理安全感。以"挑战者号"航天飞机事故为例。这起事故是由固体火箭助推器现场接头上使用的O形密封圈失效造成的。密封圈的设计使其不能在发射当天寒冷的条件下正常工作。专家警告美国国家航空和航天局(National Aeronautics and Space Administration,简称NASA)不要在低于53华氏度(1华氏度≈−17.2摄氏度)的温度下发射航天飞机,但因NASA感受到了之前发射延迟的压力,高级领导层便压制了批评者,驳斥了警告,并继续进行发射工作。傲慢和缺乏挑战安全感是造成这场悲剧的原因之一。

当我与在高度活跃的环境中运营的组织的领导者一起工作时,我发现那些能创造挑战安全感的组织获得了竞争优势,因为它们能够加速创新进程。而那些倾向于珍视正式地位和积累权力的人做不到。并不是因为他们不像国际象棋特级大师加里·卡斯帕罗夫(Gary Kasparov)所说的那样"有勇气炸毁这个游戏"。而是他们无法接受脆弱,无法牺牲个人利益和逃避自我需求,因此不能胜任这项工作。

最后,要在整个组织中进行大规模的创新,领导者必须建立一种挑战现状的规范。在没有潜在挑战安全感的情况下,任何由技术作为推动力的意见箱或协作会议等方法都不会奏效。记住，不回应建议可能比直接拒绝更糟糕——后者至少是一种承认。

在21世纪，随着市场加速发展，进一步缩短了企业竞争优势的平均持续时间，这使得组织中挑战安全感的需求变得更加重要。1966年，标准普尔500指数里的公司的平均寿命为33年。到2016年，这一时间缩减到24年，预计到2027年将骤降到12年。[17]

因此，我们可以预料到，在未来如果在没有新的均衡或者常态的情况，这种趋势将继续下去。除了极少数用绝对竞争优势作为护身符的组织以外，其他组织将都需要创造和维持挑战安全感，以此形成永久创新的孵化器。如果没有挑战安全感，组织应对竞争的敏锐度是不够的。

如果一个组织没有消除其遗留下来的对女性、少数族裔、宗教等的偏见，该怎么办？大多数组织都认为平等和包容是与政策相关的事务，很少有人把它当作一种赖以生存的文化和行为。那么，一个组织如何才能将结构上的多样性转化为积极、自信和充满活力的行动上的多样性呢？如果没有心理安全感，组织里的智囊团也是有口难言。那些在阴影下生活和工作的人会压抑自己探索的本能。他们不会提出建设性的异议，因为他们从未见过有人这样做，也从没有得到过尊重和许可。

保龄球道和球坑

当一支球队给予其成员一定的尊重或者许可，但不是两者兼而有之时，也就是当心理安全的模式像保龄球从保龄球道滑出滚到球坑时，会发生什么？（请回到图0-2，注意图中家长式作风和剥削主义的位置。）

一方面，当一支队伍给予成员一定程度的尊重，但很少允许他人贡献时，它就会陷入家长式作风的泥潭。家长式的领导者就像"直升机父母"[①]和仁慈的独裁者，他们对孩子的管教无微不至，他们会拍拍孩子的头，告诉孩子不要碰任何东西。在我职业生涯的早期，我工作过的一家小公司的首席执行官曾向我们的团队成员征求对公司的反馈意见。我误读了信号，错误地认为我已经获得了挑战安全感，于是花了几个小时准备了一份备忘录。但是我从未收到首席执行官的回复，后来从同事那里得知，这个要求不是真实的。从这次经历中我也体会到了家长式作风会导致矛盾和分歧。

[①] "直升机父母"是21世纪初期出现的一个口语表达，指那些过分关注孩子生活的父母，不管孩子是否真的需要，他们像直升机一样整天盘旋在孩子的身边，时刻等待孩子的召唤。

> **关键问题**
>
> 你是否在家庭、学校或者工作场所等的管理工作中看到过对他人进行全方位的管理而使得被管理的一方毫无反抗之力的家长式作风？

另一方面，如果一个团队允许成员做出一定程度的贡献，但几乎没有尊重，会发生什么呢？在这种情况下，团队会陷入剥削主义的深渊——领导者试图榨取价值，而不看重那些创造价值的人。发展到极端，这就是奴隶制和血汗工厂。但在我们身边，个人受到羞辱、骚扰和欺凌的例子比比皆是。你可能会认为这会激起人们的反抗，但他们出于对失业的恐惧，经常忍受这种虐待。

> **关键问题**
>
> 你是否看到过有人在家庭、学校或工作场所利用他人？羞辱、骚扰或欺凌行为是否已经成为常态？

作为一名工厂经理，我经常看到对员工颐指气使、恐吓逼迫的领导风格，这种领导风格无视人性，将工人视为商品。因此，我发现自己要么把经理归类为净消费者，要么归类为净贡献者。消费者会消费，这是他们的主要冲动。他们倾向于把每件事和每一个人都看作是自己获得满足的手段，把领导力看作是放纵自己的途径。他们的领导模式是建立在这样一个前提之上的：他们比这个团队的其他成员更优秀或更有价值。

另一个极端就是贡献者。他们随时准备好服务、建设、鼓励他人，以及让事情变得更好。他们的动力也是获得个人的成功，但不同之处在于他们不会利用或牺牲他人来实现这一目标。他们拒绝踩在他人身上获取自己所需，他们坚信他人不是一种工具，而是拥有自身价值的伙伴。

结论

对于多样性不加批判就加以庆祝，这种情况我们早已经司空见惯了。但除非多样性的价值能够被挖掘出来，否则它不会产生任何东西，也不会给任何人带来好处。领导者最重要的工作，除了创造愿景和制定战略，那就是扮演社会建筑师的角色，营造一种尊重和允许人们融入其中、放心学习、放心贡献和放心挑战的环境。创造并维持这样的环境是领导力发展和组织文化的最高层次。

> **关键概念** 组织无法超越其领导者，它只是领导者自鉴的明镜。

创造心理安全感需要定下基调和塑造行为模式。在这一过程中，你要么带路，要么挡路。如果你能学会收获心理安全感的全部果实，你将改变家庭、学校、组织和社会，使人们能够实现他们深切的渴望——过上幸福、有联系、有创造力、有贡献的美好生活。

关键概念

- 心理安全感：①融入其中；②放心学习；③放心贡献；④放心挑战现状——完全不用担心尴尬、被边缘化或受到某种惩罚。
- 希望员工全力以赴工作的组织应该让全体员工参与进来。
- 进入21世纪，高心理安全感将成为一个就业条件，而不提供这种安全感的组织将失去他们的顶尖人才。
- 在合作时，如果人们有较高的心理安全感，那么他们就能在合作中得到足够的发展。
- 被接受的需要先于被倾听的需要。
- 被忽视往往和被拒绝一样痛苦。
- 当人们无法获得彼此的接受或认可时，他们通常会寻求关注作为替代，即使这种关注是具有破坏性的。
- 当人们在学习过程中受到外部的轻视、贬低或严厉纠正时，学习安全感会遭到破坏。

- 当个人表现突出时，组织通常会给予其更多的自主权来做出贡献。
- 不能容忍坦率就不会有建设性的异议。没有建设性的异议就没有创新。
- 组织无法超越其领导者，它只是领导者自鉴的明镜。

关键问题

- 你是否曾因为不了解文化差异而误解了他人？
- 在生活中，你是否会因在某方面缺乏心理安全感，而丧失行动、生活和快乐的能力？
- 如果你察觉不到周围人对你高度的尊重和许可，你创新的可能性有多大？
- 你有哪些陈腐的习惯需要改变？
- 你是否在家庭、学校或者工作场所等的管理工作中看到过对他人进行全方位的管理而使得被管理的一方毫无反抗之力的家长式作风？
- 你是否看到过有人在家庭、学校或工作场所利用他人？羞辱、骚扰或欺凌行为是否已经成为常态？

第一阶段
融入安全感

在多元化的世界中保持统一将是对人类文明的考验，也是其魅力所在。

——

莫罕达斯·甘地
（Mohandas Gandhi）

第一阶段
融入安全感

多元化是客观存在的,融入是人们主观选择的,但也并不容易做到。

> **关键概念** 选择接纳他人能激发我们的人性。

作为心理安全感的第一阶段,融入安全感在其最纯粹的意义上无非是基于物种的接受(图1-1)。如果你是同类,我们就

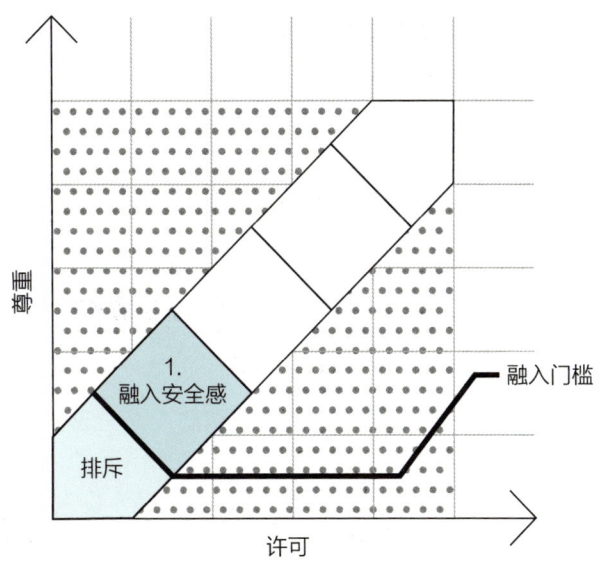

图1-1 融入与创新通道的第一阶段

接受你。它在概念上极其简单，在实践中却极其困难。我们在幼儿园时就学会了接纳他人，但后来却忘记了。如今，只有36%的商务人士认为他们的公司具有包容的文化。[1]

我还记得在我的儿子第一天上完幼儿园后，我和他曾交谈过：

"本，你上幼儿园的第一天过得怎么样？"我问道。

"很有趣，爸爸。"

"明天去幼儿园，你兴奋吗？"

"是啊，我很兴奋。"

"妈妈明天还会载你去幼儿园吗？"

"不，我要走路去。"

"有陪你的人吗？"

"不，爸爸，我自己走就行了，但是如果有人想跟我一起走，那也行。"

我永远不会忘记那次暖心的对话，它反映的是孩子那颗纯洁而又包容的心。

> **关键概念**：我们在童年时会自然地接纳他人，在成年后反而排斥他人。

由于自身的缺陷和不安全感，我们形成并强化了对周围人的排斥。但事情不一定非得是这样的。在我幼年时与纳瓦霍人一起生活了几年后,我的家人搬到了美国洛杉矶,最后在美国旧金山思科湾区的一个社区安顿下来。我记得当时还是个孩子的我却感到背井离乡,好像迷失了方向。有一天,我坐在门廊上,正感到厌烦、孤独,并与一点怨恨做斗争时,一个邻居的孩子骑着自行车过来。他二话不说就开始自我介绍:"嗨,我是肯尼。"很快,我们就成为朋友,一起骑车、吃金橘、抓鳄蜥。这位在10岁时与我结为好友,并用如此自信的姿态提升了我的融入安全感的年轻人正是肯尼·勒克(Kenny Luck),现在他成为美国加利福尼亚州森林湖驼背教堂的一名牧师。

当然,不是每个人生来就有肯尼那样的自信和忧患意识,尽管个人能力与性格能帮助你更好地包容他人,但归根结底你是否决定包容与其无关。包容更多地取决于意图而非技巧。包容是不受规则约束的,是一种发自内心的意志行为,它既不能被训练,也不能被衡量,更无法投机取巧。如果没有心理安全感,就没有包容可言。

> **关键概念** 接纳他人应该是根据他人的内在价值做出的预判行为,而不是基于他人的外在价值做出预判的行为。

我们的孩子在学校里背诵马丁·路德·金(Martin Luther King)的《我有一个梦想》。我还能记得他们背诵这样一句话:

"我期待着有一天，人们不会以肤色而是以品格来评判他人。"思想家雷因霍尔德·尼布尔（Reinhold Niebuhr）也做了类似的评论，他说："圣经告诫我们，要以果实而不是根来评判一个人。"[2]

在我们评价其他人不那么高尚之前，马丁·路德·金和尼布尔牧师正在谈论品格的价值。因此我认为内在价值是第一位的，外在价值是第二位的。融入安全感与外在价值无关，它让我们像对待自己一样对待他人。这是一种推进友谊、促进关系的举动——没有级别、地位、性别、种族、外表、智力、教育、信仰、价值观、政治、习惯、传统、语言、习俗、历史或任何其他定义特征。包容是人类进入文明的通道。如果我们不能以此为起点，我们就没有真正做到林肯所说的"我们本性中更好的部分"。拒绝表明我们故意视而不见，却又挣扎其中。我们高呼自己的独特与优越，以此寻求自我慰藉。如果这只是稍稍摆点架子，倒也不值得大惊小怪。但如果这是更严重的以自我为中心的优越主义，那问题就严重多了。然后，还有介于两者之间的一切。

在我们的社会单位里，我们应该在思考或做出判断之前创造一个包容的环境。人的内在价值高于外在价值，判断他人是否有外在价值要分时间和地点，但当你允许某人跨过接纳的门槛时,你就不需要任何检验方法。我们不是在权衡他人的性格,看他们是否有不足之处。是否值得接纳与人们的个性、美德或能力无关,也与人们的性别、种族、民族、教育或任何其他定义个人的变量无关。所以在这个层面上,包容他人不需要资格认证,除了一个——对他人造成伤害的威胁。

在这个不成文的社会契约中,唯一的互惠要求就是相互尊重和允许归属。这种互惠不会被法律强制执行。当然,也有反对歧视的法律,但我们仍然有无数种办法互相迫害。

让我给你举一个有关融入安全感的A/B测试例子。我有两辆车。其中一辆是锈迹斑斑的旧车,里程表显示行驶里程为31.5万英里(1英里=1.61千米),转售价格为375美元。另一辆是黑色运动型轿车。当我把轿车送去维修时,服务员反应很快。而当我开着破烂不堪的"铁锈桶"去维修时,服务员可能会略带轻蔑。在这两种情况下,车都是我社会地位的主要象征,人们根据我的车(我乘坐的那件"艺术品")来允许或拒绝给予我融入安全感。有时我会被礼貌地忽视,有时我会被悉心地照顾。人们对这些指标就是如此敏感,因为我们就像猿猴抢坚果一样都在争先恐后地争夺社会地位。

> **关键问题** 你对待地位较低的人与地位较高的人有区别吗?如果有的话,原因何在?

获得融入安全感应该具备哪些条件？你需要具备两个条件：做人，做不伤害他人的人。如果你同时符合这两个条件，你就有资格。如果你只满足一个，你就没有资格。伟大的美国废奴运动领袖弗雷德里克·道格拉斯（Frederick Douglas）对融入安全感做出了明确的声明，他说："我知道没有比人权更重要的种族权利了。"这句话适用于任何情况。当我们将融入安全感延伸到彼此时，就将彼此的差异置于次要地位，并唤起了一个更重要的约束性特征——我们共同的人性。

表1-1定义了心理安全感第一阶段的尊重和许可。在这个阶段，尊重的定义就是尊重个人的人性；许可则是指允许他人进入你的个人社会，并作为人与你互动；最后，社会交换是指我们用包容来换取人类地位，前提是不用伤害来威胁彼此。

表1-1 第一阶段 融入安全感

阶段	尊重的定义	许可的定义	社会交换
融入安全感	尊重个人的人性	允许他人进入你的个人社会，并与你互动	包容以换取个人的地位和避免伤害

尽管我们知道应该将融入安全感扩展到每个人，但我们已经变得非常善于互相试探对方的极限，并善于守护自己的心理界限。我们分层划级，把人类大家庭四分五裂。有时，我们会

延伸或者有条件地放宽融入安全感,有时我们也会撤销或拒绝。

> **关键概念**
> 我们倾向于根据外表、社会地位或者财产等与价值无关的指标来判断他人的价值,而不是根据其"人"的身份来给予融入安全感。

泡菜与我们共同的人性

读研究生时,我很荣幸地能以富布赖特(Fulbright)学者的身份在韩国首尔国立大学做研究。这所大学为我提供了一个社会科学研究中心的名额。到达研究中心的那天,安仲思教授热情地迎接了我,并带我参观了该中心,会见了工作人员和其他研究人员。当两名韩国研究生邀请我共进午餐时,我感觉到了融入与包容,最初的担心与不安烟消云散。是的,我是那个与众不同的人,一个格格不入的陌生人、外国人,但我并不是什么怪人。我端着一碗粽子,坐在自助餐厅的一张桌子旁,很快就和其他同学与教职员工打了招呼。坐在我旁边的一个学生犹豫了一下,然后递给我一碗泡菜。这是一次不同寻常的融入安全感体验的开始。

诚然,我是一个新人,但我想说,融入安全感不仅仅表现在热情好客。你可以彬彬有礼但口是心非，这种表面行为只是遵守礼貌和礼仪的一般规则，但丝毫不真诚。这些学生在我到来的第一天就十分友善和乐于助人，这很容易做到，但不仅如此，在第30天和第60天，他们依旧友善和乐于助人，之后也是如此。我显然不属于他们的社交团体，得到的待遇也超过了出于义务与尊重的标准时间。但在研究中心度过了一周又一周的漫长日子后，他们从未取消给予我的融入安全感。这种融入是真实的。

> **关键问题**
> 每个人的一生中都有融入安全感改变一切的时候，比如有人在你最无助的时候伸出援手接纳你。你是否有过这样的经历？这些事情是什么时候发生的？这对你的生活有什么影响？你是否有把这份融入安全感传递出去？

我的韩国朋友以一种包容、友好的方式接纳了我。他们放下了正常的交际原则，优先考虑了更高的人道原则，他们强调的不是差异，而是共性。[3]我现在成为韩国人了吗？他们允许我正式加入其社会和文化了吗？不是的，他们只是延伸了融入安全感。那依据是什么呢？是宗教、种族、社会经济、地理、文化、政治还是法律？以上都不是。这种融入安全感建立在一种超然的、原始的人类联系之上，这种联系克服了我们的分离主义，是这个世界大家庭的所有成员所共同拥有的。

> **关键问题**
> 要创建融入安全感，理解文化差异会很有帮助，但你没必要成为这方面的专家，只需要对它们保持敏感和欣赏就行了。你如何承认并表现出对团队中存在的文化差异的敏感和欣赏？

强化平等观念

哲学家约翰·罗尔斯（John Rawls）提醒我们这一基本真理："制度理智地分配人与人之间的基本权利和义务。"[4]基于有意识或者无意识的偏见排斥一个社会单位的成员，这就是一种武断的区分。正如罗尔斯所说，为了"建立一个持久的相互合作体系"[5]，我们必须消除这些障碍。

分歧总是存在的，但障碍不能。永远都会有多数人和少数人，但我们在融入一个同质的群体之前，不应该试图根除对方。正是我们的差异造就了我们。

有些人会反对，理由是我们彼此不认识。那么，我们如何才能接受、包容、容忍陌生人并与其建立联系呢？事实上，研究表明，心理安全感的关键驱动因素包括团队成员之间的熟悉度和先前互动的关系质量。⁶延伸融入安全感并不是延伸成熟、发达的感情。虽然你只能猜测与期待你的感觉,但它们仍然可以是真实的。人们的无知、恐惧、嫉妒,以及不肯承认的优越感,产生了关于仇外心理的争论。

融入安全感不是赢得的,而是应得的。作为一项不容谈判的权利,每个人都有权享有。事实上,没有它,我们就无法维持文明。⁷我们渴望并理应得到尊严和彼此的尊重,当我们给予或拒绝融入安全感时,不可避免地会践行道德准则。如果没有伤害的威胁,我们应该不需要价值判断就能给予融入安全感。作为人类社会的基本黏合剂,融入安全感为我们提供了"你很重要"这样令人欣慰的保证。如果你是一个领导者,你希望你的员工表现出色,那么你必须吸收并内化一个普遍真理,那就是人们想要、需要,同时也值得被肯定。融入安全感要求我们对负面的偏见、武断的区分以及拒绝承认我们的平等价值和忽视平等待遇的具有破坏性的偏见进行谴责。

如果每个人都得到包容,如果我们都有权获得友谊和建立联系,如果我们有权进行文明和互相尊重的互动,如果礼尚往来能成为我们新的代名词,那么我们就有义务摧毁本土主义和种族中心主义。国家、社区和组织并不是唯一的罪魁祸首。⁸我们也看到家庭内部的疏远,因为每个人都在回避、设立防线，并贬低彼此。我们看到父母和孩子彼此忽视或伤害……但当我们能彼此包容、互相尊重，当我们伸出友谊之手，在那一刻彼此得到祝福，实现真正的人际联系时，胜利的荣光就会属于我们。

允许、拒绝和撤销融入安全感

高中毕业后，我拿到了体育奖学金，在美国杨百翰大学（Brigham Young University）打甲级橄榄球。大一球员提前一个月抵达校园开始夏令营训练，所有人被分配住在训练场附近的同一个宿舍。这里有一群种族和文化各异的年轻人，他们突然被推入了一个高度结构化的环境中——突如其来的、完全沉浸式的准军事训练营。

橄榄球的训练机制决定了我们日常生活的方方面面。从那一刻起，我们放弃了个人的自由和空间，我们将一起吃饭、睡觉、洗澡和流汗。我的队友代表了三个主要种族群体——黑人、白人和波利尼西亚人。但这并不是什么新鲜事。尽管我们来自美国各地，但大多数人都熟悉我们的种族构成。我们深深地融入了橄榄球的亚文化中，了解了橄榄球的规则和英才管理制度。

我们当时的任务是建立一个新的"社会",这个"社会"将按照达尔文理论和社群的规则进行自我组织。一支橄榄球队对外要与其他球队竞争,对内则其队员也要相互竞争。外部竞争是制度性的,而内部竞争是个人竞争。我可能会和睡在我隔壁床上的人竞争同一个位置。我们玩了一个零和对策[①]的游戏。引入竞争机制就改变了一个社会的动态关系,改变了给予或拒绝融入安全感的约定条款。这个准则既是合作性的也是对抗性的,这种二元性贯穿整个过程,所以我的队友可以是朋友也可以是敌人。

团队运动的环境加快了成员间熟悉感的形成,熟悉感在心理安全感的形成中起着非常重要的作用。美国麻省理工学院人体动力学实验室的社会计量研究证明,越快越深入地了解对方,一起工作时的效率就越高。[9]成员间更多的接触和了解往往会产生更多的共鸣。

第一天,我们慢慢地建立了联系,因为我们知道第二天将开始练习和比赛。这一现实让合作性和对抗性两种力量发生了

[①] 这一概念最早由著名数学家约翰·冯·诺伊曼(John von Neuman)提出,后来又由美国麻省理工学院的经济学家莱斯特·瑟罗(Lester Thurow)加以推广。零和对策是一种完全对抗、强烈竞争的对策。每次结束时,局中人的支付总和是零(或为某个常数),一个局中人的所得恰好是另一局中人的所失。简言之,零和对策就是指一方的所得恰是另一方所失。

碰撞。因此，我们会对非同一位置的球员热情招呼，而对那些与我们相同位置的球员冷脸相对。每个球员都带着荣誉和被认可的光环来到这里，所以咆哮和虚张声势是不安全的迹象，也是一个"他没有宣传的那么好"的明确的信号。

在当代竞技体育中，你不可能长期靠一张嘴巴混迹赛场。场上的表现胜于一切。橄榄球是我们共同的愿望，但内部竞争是一个分裂因素。我们被正式接纳为团队成员，但将安全感延伸到彼此是个人的事情。具有讽刺意味的是，在我们自己加入社会的行为中，我们会彼此接纳或者彼此拒绝接纳。

我们没有融合成一个有凝聚力的群体，而是根据种族或地理位置分裂成了更小的群体。当然还有根据队内位置划分的群体，例如，进攻前锋，他们拉帮结派，成立了一个由身材魁梧而又敏感的人所组成的独特的兄弟会，并拒绝其他人加入。而我司职防守截锋，这样的小团体联系会破坏我们的角斗士亚文化。在经过美国麻省理工学院的被埃德加·沙因（Edgar Schein）称为"自发互动"的一周之后，你可以看到所谓的规范开始形成。[10]但一周后，学长们到来了，我们的有机社会被更大的机器吞噬了。

当你加入一个现有的组织时，就像我当初来到橄榄球队时一样，意味着你继承了一种基于永久规范的文化遗产。除非你正在组建一个新的社会团体，否则你不会从零开始。在我们的例子中，我们大一新生从零开始，建立了一个临时"社会"，然后突然被解散了。当团队的其他成员到达时，就好像母舰已经带着装满文物、习惯、习俗和权力分配的货物登陆了。这些万年不变的正统思想和做事方式在教练组的效仿之下进一步强化。守时规则，强制执行。着装规则，非强制执行。尊重规则，强制执行。无辱骂规则，非强制执行。诸如此类。在迈入常规赛之后，融入安全感逐渐显现出来。内部竞争平息下来，我们开始团结。

后来我学到了关于融入安全感的终生难忘的一课。赛季进行到一半时，我受了重伤。当诊断结果显示我的脚踝严重受伤需要手术时，我在球队的地位突然发生了巨大的变化。我的教练一声不吭地收回了给予我的融入安全感。因为我受了伤，无法为球队做出贡献。在他眼里，现在的我是可有可无的。他延伸到我身上的融入安全感是有条件的，这个条件不是基于我作为一个人的价值，而是基于我作为一名球员的价值。在我受伤，不再对球队有用的那一刻，他不着痕迹却又明确的冷漠态度表明他取消了与我建立的交情。这种冷漠刺痛了我。于是我很快了解到，融入安全感即使能建立，也是脆弱、微妙和短暂的。

> **关键概念** 在任何社会单位中，人们都可以许可、暂时撤回、收回、或部分或有条件地给予他人融入安全感。

用无用的优越论来安慰自己

理论会带来后果。我们经常借用毫无理性的理论来管理我们的社会。我们在个人层面也会做同样的事情。我们花费大量时间编造优越论，然后沉浸在这至高无上的观念中，并授予自己更高的地位。

> **关键概念** 我们喜欢给自己讲一些安慰性的故事来证明我们的优越感是正确的。

优越论试图证明，"所有动物生来平等，但有些动物比其他动物更平等。"〔乔治·奥威尔（George Orwell）〕我记得在学生时期读过一本当时的禁书。在阅读时，我不得不非常小心，但仍继续读下去。这部夸大优生学的作品影响了如此多的人。当有人告诉你，你比其他任何人都好，你受到了不公正的对待，你应该得到更多……这是很有诱惑力的欺骗。

我们在所有优越论和生物决定论的理论中发现了同样简单

的论点。起初，它会出于某些原因宣扬优越感或者选举的虚假说法，然后转向行动号召：你是少数，你处于危险之中，你需要站出来捍卫自己的权利。不幸的是，荒谬的社会达尔文主义在紧迫感和博学面前总是屡屡得逞。因此人们容易上当受骗。你读过谁的优越论其实并不重要，它们都是虚伪的沉思产物，沐浴在沙文主义之中，企图靠掩人耳目去保护过去的附庸。

> **关键问题**　你觉得自己比别人优越吗？如果是的话，原因何在？

尽管听起来可能令人震惊，但优越论统治人类社会已有数千年之久。最早的权力理论家之一亚里士多德（Aristotle）宣称："很明显，有些人生来就是自由的，而有一些人生来就是奴隶，对后者来说，施行奴隶制既是权宜之计，也是正确的。"[11]图书馆里也充斥着各种宣扬优越论的书籍，因为我们拥有一种抑制不住的欲望——想要比别人更特别一点。约翰·亚当斯（John Adams）写道："我相信，在人生的每个阶段，从摇篮到坟墓，无论男女、老幼、黑人和白人、富人和穷人、高低贵贱，没有哪一条原则能比得上人们对优越感的那般热情，以及在人性中占据的如此重要的地位。"[12]

以史为鉴，思索过去，我们怎么能以人性充满悖论、矛盾和复杂性为借口呢？将自然权利仅仅视为众多宣传中的一种，这是危险的，也是不正确的。我们多少次将虚荣心披上所谓道德哲学的外衣？我们又有多少次把精英主义伪装成天地的自然分级？

值得庆幸的是，许多人并不认同这些自命不凡的说法，但也有很多人相信。在现代社会，我们早就否定了曾经的论血统的贵族理论，但我们仍在继续孵化、鼓励和延续同样的事情，尽管并未赋其正名。它们表现为刻板印象、怨恨和偏见，并且停留在我们的价值观、假设和行为中。

当我开始在日内瓦钢铁公司担任工厂经理时，我在工厂进行了一系列的参观。我从一个设备区走到另一个设备区，召开会议，问候经理和生产维修工人。我从焦化厂开始，然后转到高炉厂、炼钢厂、铸造厂、轧钢厂、精炼厂、航运和运输区以及集中维护区。

在焦化厂，两名生产工人要求与我谈话。他们取下了安全帽和护目镜，露出满是汗水和煤烟的脸。"克拉克先生，"他们恭敬地说，"谢谢你来我们部门参观。我们知道你是新来的工厂经理，也知道你要去参观所有的部门，但我们只是想让你知道我们的部门和其他部门有点不同。我们的部门比其他部门要复杂一些，我们的工作需要更多的专业知识。如果我们不在这里，工厂明天就会关闭。"他们陈述了他们的理由和主张。我礼貌地回答道："谢谢你们和我分享这件事，我很感谢你们的反馈。"

这一幕在每个部门都在上演。尽管面孔不同，但剧本是一样的。在我为期一周的参观结束后，我发现每个部门都认为自己比其他部门更重要一点：拥有一群特殊的人，做着其他人做不到的事情。为了脱颖而出，他们都将自己的兄弟姐妹置于略微的次要地位。我想我们都有过或者被诱惑提出过类似的主张，并沦为优越感这一巨大幻觉的牺牲品。

| 关键问题 | 包容的道德原则对你来说是方便的还是不方便的？ |

精英与伟大的普通民众

美国宪法通过明确的人权宣言给美国国民带来希望，但花了几代人的时间才找到勇气去解除合法化歧视的桎梏，拆除虚假优越感的大厦。1776年，阿比盖尔·亚当斯（Abigail Adams）写信给她的丈夫约翰："我希望你能记住这些女士们。我们不会接受任何没有女性发言权或代表权的法律。"两年后，最初的美国殖民地批准了美国宪法。尽管这份文件是第一份承认人人平等的政府宪章,但它还是划出了一些例外——允许奴隶制,这违背了其信奉的理想。它把奴隶算作一个"正常"人的3/5,并且剥夺了妇女的投票权。妇女也不能拥有财产,不能保留自己的工资,甚至在美国的一些州,妇女不能自主选择配偶。美国宪法颁布了包容的法令,但我们却在进行排斥。这仍然需要美国几代人的时间才能将崇尚的价值观内化,因为优越论在美国人的心中根深蒂固,就像在每个国家一样。[13] 细想一下以下美国官方的排斥行为:

- 美国国会于1790年通过了《入籍法案》,宣布只有白人才能成为美国公民。
- 美国国会于1830年通过了《印第安人迁移法》,将印第安人赶出了他们的原住地。
- 林肯在1863年发布了《解放黑人奴隶宣言》,但美国各州通过了《吉姆·克劳法》(又称《种族隔离法》)来强制执行种族歧视法,美国最高法院在此之上又确立了"隔离但平等"的法律原则。
- 1882年,美国国会通过了禁止中国移民的《排华法案》。
- 1910年,美国有160万名10~15岁的儿童在工厂工作。直到1938年《公平劳动标准法案》才禁止工厂使用童工。

- 直到1920年，美国通过了第九修正案，妇女才赢得选举权。
- 1942年，富兰克林·D. 罗斯福（Franklin D.Roosevelt）总统授权将12.7万名日裔美国人从美国西海岸疏散并监禁到拘留营。
- 西班牙裔美国工人直到20世纪50年代才获得成立工会的权利。
- 最终，直到1965年移民法出台，美国才消除了移民法中刻意和系统的偏见。

那文化上又如何呢？我们继续努力纠正不平等，摒弃男性至上的观念。就像我十几岁的女儿问的那样："爸爸，为什么性别、工资平等仍然是个问题？"

我们已经清除了大部分政策中的歧视，但我们的内心是否也是如此？我们的社会是否已成为一个更具包容性的社会？安永会计师事务所（EY）①的一项研究报告称，只有不到一半的员工信任他们的老板和雇主。[14]如果没有信任，就会产生排斥。这个数字令人担忧，因为我们知道信任是把我们联系在一起的纽带。[15]如果加快互动频率能增加人与人之间的熟悉度，

---

① 安永会计师事务所（Ernst & Young，简称EY），是一家总部位于英国伦敦的跨国性专业服务公司，为世界四大会计师事务所之一。

第一阶段
融入安全感

从而具有消除偏见和不信任的惊人能力，那么为什么人与人之间的信任度还如此之低？

"社会与社区"有着天壤之别。[16]在一个缺乏信任的社会中，我们希望看到一个充满信任的社区。随着我们转向更小的社会单位，我们认为信任会相应地增加。组织应该比政府拥有更多的信任，团队应该比组织拥有更多的信任，家庭的信任又会超出团队的信任，而婚姻的信任应该是最多的。随着社会单元的不断变小，我们的互动应该有更多的诚意和更低的交易成本。[17]如果这是真的，并且我认为是真的，那除非我们能够给予彼此融入安全感，否则将什么也得不到。

那么阻碍因素是什么呢？心理学家卡罗尔·德韦克（Carol Dweck）曾说过："你的失败和不幸不会威胁到其他人。而对于那些依靠优越感获得自尊的人，你的资产和成功就是问题所在。"[18]具有讽刺意味的是，由于我们缺乏安全感，所以我们拒绝相互认可，而这正是治疗这种不安全感的方法。这种未得到满足的需求会表现为嫉妒、怨恨和蔑视。与此同时，无礼的行为充斥整个社会，仇恨已经成为一个源源不断的自供体。

> **关键概念** 排斥一个人更多的是由于个人的需求和不安全感未得到满足，而并非真正不喜欢这个人。

有多少次你怀疑或批评一个你并不真正了解的人，但当你了解了那个人后，你的整个态度就改变了？最初，出现分歧往往会让我们反感，但当我们停下来不再对他人品头论足时，这些分歧就可以消除。当我还在读大学的时候，曾有一位观点激进的教授的课，于是在上课前，我做好了战斗的准备。上了课以后，我了解到这位先生的观点确实与我截然不同，但我们却发展成了鲁思·巴德·金斯伯格（Ruth Bader Ginsberg）和安东宁·斯卡利亚（Antonin Scalia）式（即使政见相左，却依然可以视对方为好友并给予尊重和照顾）的美好友谊。我们有巨大的分歧，但也保持着对彼此深深的尊重。要是我们稍不注意，就会有一千种方法让我们拒绝给予彼此融入安全感。如果我们彼此不把对方当同类看，我们就会相互仇恨和伤害。

我曾与一个高管团队合作，这个团队的成员拒绝互相给予融入安全感。他们是同一家公司的法律顾问，但却拒绝接受对方文化的加入。这支队伍不能正常运转，成员们会在言语上互相中伤，并且几乎不能忍受待在同一个房间里。在我对其中一人的采访中，她说："我们不一定要喜欢对方，我们只需要一起工作，所以我想这真的无关紧要。我只想把工作做完，而且我并不太在意与同事的这些关系。"

我与另一位领导者合作时，发现他通过随心所欲地给予和取消员工的融入安全感来维护他的统治地位。某一天你可能得到了他的好感，第二天你会得到尊重，但马上你会被冷落。也就是说，你可能刚提建议又被忽视，刚拍完马屁又被遗忘，刚接受指导又被胁迫，刚治愈又受伤。因此让我们明确一下：头脑游戏是一种虐待，是一个人玩弄另一个人的游戏。这种交际模式是道德上懦弱的极限表达。

家庭是建立深厚信任的地方

"接受"一词的意思是同意接收。"包容"一词则意味着与某一群体有联系或关联的状态。现在请你思考一下这两个词，因为它们都与家庭单位有关。夫妻关系是建立在同意接收对方的基础上的。这种由新的结合而组建的家庭单元构成了一个双方都是当事人的新实体。如果配偶中的一方拒绝接受另一方，那么这个社会单位就无法运作。在这种情况下，将他们捆绑在一起的法律纽带可能完好无损，但他们的家庭单位早已经名存实亡。

婚姻关系的相互依赖性比其他任何社会群体都更为重要。它是脆弱的，但却被当成拥有深厚信任感的领域。任何时候，配偶的一方都可以从另一方那里撤销给予的融入安全感。彼此给予对方的尊重和参与许可是他们相互依赖、成功和幸福的基础。这种融入安全感是动态的，也是易消亡的，它必须每天更新补充。特别是在婚姻中，尊重必须转化为善意、服务和牺牲的行动。如果不能保持对彼此的尊重，两人的关系将会因忽视而破裂。但如果在平等的伙伴关系中，配偶双方都能参与，并允许对方拥有平等的权利，这种关系就能给双方带来可持续的、高度的融入安全感和深刻的满足感。

父母和孩子之间的关系则有些不同。孩子的生活从单方依赖阶段开始，随着他们不断地学习和成长，他们有望进入相互依赖的阶段。一个完全独立的阶段当然是不存在的。在孩子成长的过程中，父母兼顾爱和责任是非常重要的。父母不应该宽恕孩子的不良行为，但他们也不应该为此谴责孩子。在一个能维持融入安全感的成长环境中，孩子们能够更好地学习他们的权利和责任。正是因为爱和责任的结合令人捉摸不透，我们中的许多人才会犯错。我也犯过很多次错，但经常让我的孩子感到沮丧的是我学会了说"我爱你，所以我会让你学会承担责任"这一句话，而且我真心认为如此。

> **关键问题** | 家庭这个基本的社会单位是人们学习获得真正的融入安全感的主要实验室。你是在家里学到融入安全感的吗？如果不是，你是否打算成为你的家庭的变革者，为下一代树立榜样？

做到你相信为止

如果你找不到包容他人的信念怎么办？如果你有根深蒂固的偏爱和偏见，无法将其从内心中抹去，那该怎么办？你要如何克服它？用卡夫卡的话说，我们要到哪里去寻找"劈开我们冰冻的内心的斧头"[19]？但至少有一件事不太管用，那就是静静地坐着，等待你的心自己去改变。

每个人活在这个世界上，都会对他人的某些特征产生一些负面偏见。但我们中的一些人比其他人更该受责备。我们需要坦诚地对待产生的偏爱和偏见，并努力消除它。我们不能改变多样性，多样性就是事实。我们的任务就是拥抱它。

> **关键问题**：你是否存在刻意的偏见？问问你信任的朋友，你在哪些地方可能存在无意识的偏见。最后，你在什么样的场合会采用较为温和的排斥方法去设置心防？

你首先要学会爱自己。缺乏自尊心的人很难做到包容他人。你的自尊水平会影响到你的人际交往行为。正如纳撒尼尔·布兰登（Nathaniel Branden）所说："研究表明，良好的个人价值观和自主意识与善良、慷慨、社会合作和互助精神密切相关。"[20]培养自尊最好、最快的方式是提升自己的能力和培养信心,并为他人服务,特别是对那些你难以接纳的人。

大多数组织在面对多样性与包容性时仍采取传统方法应对。许多组织在创建多样化的组织方面取得了长足的进步,但仍然算不上具有包容性。另一些组织则装模作样地表现了人类的各种差异,并自吹自擂,好像他们真的拥有一种包容的文化。还有一些组织通过缩小员工在意识、理解和欣赏方面的差异来培养他们的包容性。这很好,但也只是表面工作。[21]当我们感觉受到威胁时,我们还是会采取防御措施,听从内心的恐惧,回到默认的偏见状态。一个更好的方法是让人们有机会去实践。通过创建不同的团队,并将个人分配到不同的指导或者被指导的关系中,让融入安全感变成一种切身体验。

> **关键概念** 你在练习包容时就学会了包容。请你一直做到你相信为止。

包容他人的行为也能够帮助自己实现个人价值。[22]实施这样的行为很简单:肯定他人的个人价值。我的意思是假装这样做直到你真的有所感觉吗?是暂时的好意吗?是假装吗?是表面上接纳他人吗?全都不是,我的意思是真心实意地付出行动。

> **关键概念** 当你用行动去爱别人时,你会产生真情实感。

爱的感觉来自爱的行动。事实上，如果我们不能为他人服务，在拉近距离之前，我们与他人的关系仍然是肤浅的，甚至是可疑的。在亲密的关系中，在一起生活、工作、吃饭和呼吸的过程中，关心和爱终将到来。如果你对某个人或某个群体缺乏你想要的感觉，或者不知道有什么感觉，时间的流逝并不会改变这一点，但你的行动可以。请让自己投入到爱的情感中吧！

我和来自世界各地的人一起生活和工作。我爱他们所有人，但我意识到每个国家、社会和家庭都认为自己很特别。如果我们把"特别"理解为"独一"或"独特"，我完全同意。但是，如果我们认为这意味着我们比别人更好，我想我知道原因。我们都想有所作为，都想成为更重要的人。如此一来，我们经常说服自己，他人的顺从会让自己变得更重要。而通过贬低别人获得的优越感纯粹是自欺欺人。

> **关键概念**：为偏见所困的人不可能真正快乐或自由。[23]

> **关键问题**：你和哪些个人或团体难以相处，即使他们对你没有真正的伤害？为什么？

―――――――― 关键概念 ――――――――

- 选择接纳他人能激发我们的人性。
- 我们在童年时会自然地接纳他人,在成年后反而排斥他人。
- 接纳他人应该是根据他人的内在价值做出的预判行为,而不是基于他人的外在价值。
- 我们倾向于根据外表、社会地位或者财产等与价值无关的指标来判断他人的价值,而不是根据其"人"的身份来给予融入安全感。
- 在任何社会单位中,人们都可以许可、暂时撤回、收回、或部分或有条件地给予他人融入安全感。
- 我们喜欢给自己讲一些安慰性的故事来证明我们的优越感是正确的。
- 排斥一个人更多的是由于个人的需求和不安全感未得到满足,而并非真正不喜欢这个人。
- 你在练习包容时就学会了包容。请你一直做到你相信为止。
- 当你用行动去爱别人时,你会产生真情实感。
- 为偏见所困的人不可能真正快乐或自由。

第一阶段 融入安全感

---- **关键问题** ----

- 你对待地位较低的人与地位较高的人有区别吗？如果有的话，原因何在？
- 每个人的一生中都有融入安全感改变一切的时候，比如有人在你最无助的时候伸出援手接纳你。你是否有过这样的经历？这些事情是什么时候发生的？这对你的生活有什么影响？你是否曾把这份融入安全感传递出去？
- 要创建融入安全感，理解文化差异会很有帮助，但你没必要成为这方面的专家，只需要对它们保持敏感和欣赏就行了。你如何承认并表现出对团队中存在的文化差异的敏感和欣赏？
- 你觉得自己比别人优越吗？如果是的话，原因何在？
- 包容的道德原则对你来说是方便的还是不方便的？
- 家庭这个基本的社会单位是人们学习获得真正的融入安全感的主要实验室。你是在家里学到融入安全感的吗？如果不是，你是否打算成为你的家庭的变革者，为下一代树立榜样？

- 你是否存在刻意的偏见？问问你信任的朋友，你在哪些地方可能存在无意识的偏见。最后，你在什么样的场合会采用较为温和的排斥方法设置心防？
- 你和哪些个人或团体难以相处，即使他们对你没有真正的伤害？为什么？

第二阶段
学习安全感

真正的学习始于竞争精神的消失。

——

吉杜·克里希那穆提
（Jiddu Krishnamurti）

人类需要学习与成长

在心理安全感的第二阶段（图2-1），我们把重点从人的地位转移到人的需要上——学习和成长是人与生俱来的需求，人需要参与学习过程的各个方面，而不是害怕被拒绝或忽视。

在美国，平均每26秒就有一名学生辍学。[1]难道我们真的认为这些学生辍学是因为他们缺乏足够的心智吗？除了那些可能确实患有学习障碍的人，这些学生中的大多数都有足够的能力

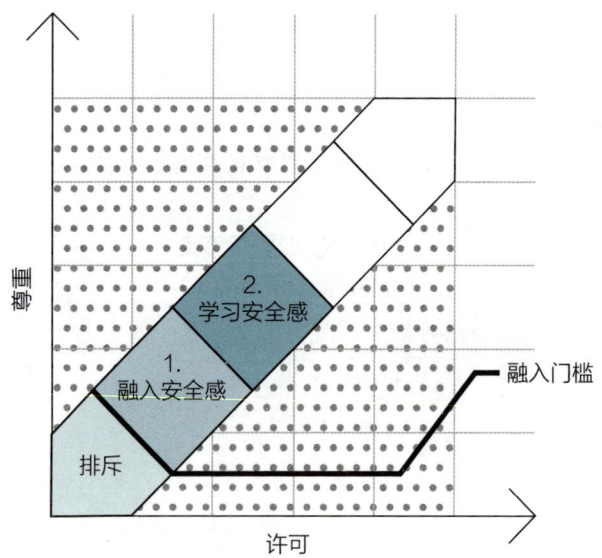

图 2-1　融入与创新通道的第二阶段

学习和毕业，并在个人和职业生活的方方面面取得成功。大多数人辍学是因为他们相比同龄人缺乏充满学习安全感的环境，即在家里缺乏父母的支持，在学校又没有温暖的学习环境。[2]

> **关键概念** 毁灭的真正定义是当你失败时没有人关心。

研究人员称美国近2000所长期处于高辍学率的高中为"辍学工厂"。[3]当我们仔细研究这些学校时，我们发现了一种忽视的模式。最重要的是，我们发现那些不及格的学生会在情感上变得疏远。久而久之，他们会失去信心，感到挫败，然后就会放弃。他人的冷漠和不认同使这些学生对自己丧失了信心。他们的恐惧由内而外增长，直到他们真的认为自己一事无成。即使被遗弃，也没有人来拯救他们。

> **关键概念** 几乎所有的情况中，学生的失败都源于学校和家长的失败。

> **关键问题** 你知道有多少学生在学业上取得成功，却在情感上受苦吗？

引发恐惧的情绪主要有3种模式：忽视、操纵、胁迫，它们会消除学习安全感并形成危险的状态。失败的学校往往会表现出忽视这种模式。那在工作场所呢？当员工停止工作并保持沉默时，他们通常是在对充满敌意和恶言相向的工作环境做出

57

反应。恐惧源于嘲笑、欺凌、骚扰、威胁和恐吓。这些引发恐惧的行为往往符合操纵和胁迫的模式特点。

最近，我和一个沉默的团队在一起工作了一天。我曾在许多团队工作过，并慢慢地了解到一个团队异常的沉默通常是因为领导者的压制。在上面那个例子中，我们当时在做一些长远的规划，但没有人站出来说话。整个房间的人都在本能地进行自我审查，这是人们出于恐惧而在衡量个人风险。该团队刚刚在一个大项目上失败了，其成员正遭受着那段经历的影响。但刺痛他们的不是失败，而是领导者的蔑视，这让整个团队陷入僵局。在某种程度上，沉默是对遭到的拒绝、羞辱或惩罚的正常反应。沉默的团队中的成员抽身而出，是因为他们没有发言权。

令人担忧的是，这种近乎虐待性的行为居然被默许了。这个团队的领导者正在摧毁成员们的情感，他几乎对所有人进行过攻击，但没有人去反抗说他的行为是不可以的。会后，我与其中一名团队成员进行了一次谈话，问她这位领导是否总是这样行事。她证实是这样的。看到有机会能与她讨论有关领导者权力的问题，我问道："你为什么要忍受这种做法？"她回复说："我们只是习惯了。"

> **关键概念**　不安全的学校像是疏忽大意的托儿所，而不安全的工作场所像是充满嘲笑、讥讽的避难所。

第二阶段 学习安全感

　　心理安全感低的表现是，失败的学校并不关心个人表现，失败的工作场所也不关心个人，但与个人的绩效存在利害关系。这两者都是有害的，但体现在不同的方面。最后，情绪上缺乏安全感的家庭也会表现出不同的行为，我们在一些人身上看到了忽视，在另一些人身上看到了操纵，在一个最不愉快的案例中，有人甚至使用了最原始的胁迫。

> **关键概念**
> 无论是家庭、学校还是工作场所，一个充满敌意的学习环境是一个产生恐惧进而引发人们的自我审查本能并终止学习的地方。

　　在充斥着恐惧的课堂上，失败的学生会辍学，而充满自信的学生则保持低调。职场也是如此：顶尖人才离开是因为他们有选择余地。平庸的人才会留下来，因为他们别无选择。与此同时，生产效率也会受到影响。最后，在一个情感失调的家庭里，不管这种失调的情感是什么，孩子们都会在情绪上萎靡不振，在学业上往往也会失败。

> **关键概念**
> 当环境选择惩罚而不是教导时，无论是通过忽视、操纵还是胁迫，个人都会变得更具防御性，会缺少反思，更不能进行自我诊断、自我指导和自我纠正。这就带来了真正失败的风险——放弃继续尝试。

在拥有学习安全感的情况下,领导者创造了一个低社会摩擦和低情感代价的学习过程。这意味着尊重和许可水平要超出融入安全感的水平,因为学习本身带来了更多的风险和更多的脆弱性,以及更多潜在的社会和情感伤害。

融入安全感除了要求要有人情味和礼貌之外,并没有要求积极参与,而学习安全感则要求我们必须主动提出问题、征求反馈、提出想法、进行实验、犯错误甚至失败。在这种时候,我们会自然而然地环顾四周,在脑海中计算风险与回报:"如果我问这个问题,或者请求帮助,或者提出建议,或者承认我不知道,或者犯了一个错误,我会付出什么代价呢?我能做我自己吗?我会看起来很蠢吗?我是在接受审问吗?他们会嘲笑我吗?他们会无视我吗?这会损害我的前途吗?这会不会损害我的声誉?"在每一种学习环境中,无论是否有意识,我们都会评估周围的人际风险水平。

表2-1定义了心理安全感第二阶段的尊重和许可,以及社会交换。

表 2-1 第二阶段 学习安全感

阶段	尊重的定义	许可的定义	社会交换
学习安全感	尊重个人与生俱来的学习和成长需求	允许个人参与学习过程的各个方面	鼓励学习以换取对学习过程的投入

第二阶段
学习安全感

除了获得认可的普遍需求之外,我们还增加了学习和成长的普遍需求。在这种情况下,许可指的是允许个人参与学习过程的各个方面。融入安全感要求我们对彼此有礼貌,但是学习安全感要求我们要有社会交换。如果我给予一个人学习安全感,那意味着我希望并期望这个人努力学习。如果我是学习者,我希望领导者、老师、教练或家长在我的学习过程中给予支持。这是一种对学习的鼓励,以换取对学习的投入。

> **关键概念**　给予学习安全感的道德义务首先是鼓励学习者学习。让学习者做第一个行动者。

是的,学习者必须在学习过程中尽自己的一份力,但有时他们不知道如何去尝试,或者没有信心去尝试。

个人往往没有做好准备,或者无法付出学习所需的努力。他们不相信自己能学到东西,可能会因为之前的失败或尴尬一蹶不振。在这种情况下,当过往经验告诉这些人学习风险太大时,我们不能指望学习者主动去学习。

如果你走进一间满是苦苦挣扎的普通学生的高中教室,由你负责这个班级,你会对学生有什么期望?评判他们的参与度、精力、专注、自信,还是自我效能感?不,你应该从希望开始!我们需要提醒自己,我们不是命令学习者学习,而是邀请他们学习。我们创造的氛围要能激发学生学习的欲望和动力。在理想的环境中，学习安全感是相互给予和接受想法，相互观察、提问和讨论。如果领导者想真正地站在学习者的角度去思考，可能需要后退一步，从提供一直缺乏的融入安全感开始。目前为止，我还没有见过缺乏融入安全感的学习安全感。二者缺一不可。

> **关键问题** 有没有哪位老师比你更相信你的学习能力？这对你学习的动力和努力有何影响？

我想强调一下，给予学习安全感并不是一种被动的行为。当我们这么做时，我们承诺要创造一个充满支持和鼓励的环境。我们承诺对学习者保持耐心，我们致力于建立有效的学习模式，致力于分享权力、提升信用和共享资源，使所有人都能学习。学习者在社会契约中所处的位置是不同的。他们希望（而不是期望）找到一个充满支持和鼓励的环境，但在学习之前他们不会做出承诺，因为学习的过程充满个人风险。除非学习者的安全能得到保障，否则他们很少会努力学习。这是一个"提供了学习安全感，他们才会来"的原则。如果你不为学习者提供充满学习安全感的环境，他们可能还会来，但他们不会学习。

让恐惧不再与失误和失败挂钩

如果你在5月的第2个星期六走进美国犹他州高地伦尼皮克高中的体育馆，映入眼帘的是一片椅子的海洋。这时候的体育馆俨然成了一个巨大的教室，300多名学生正在参加美国大学预修微积分（简称AP微积分）[①]考试。奇怪的是，如果你浏览一下高中的学术版图，你会发现最高的山峰是微积分。然而，尽管对微积分存在畏惧，这所学校的学生对微积分的需求仍在飙升。那么，为什么他们对这门极具挑战性的课程如此感兴趣？

这得提到一个人，克雷格·B. 史密斯（Craig B.Smith）。他是一名改革派的电气工程师，他结束了在埃克森美孚（ExxonMobil）和其他商业组织的成功职业生涯后，于2007年开始教学。[4]克雷格连续教授7节微积分课，班级平均人数为34人。我花了几个小时采访克雷格和他的学生，观察他的课堂。我发现他不是一个面露疲态，深陷于美国中学教育困境的教

[①] AP是The Advanced Placement Program的缩写，即大学预修课程，是指由美国大学理事会提供的在高中教授的大学课程。而AP微积分为美国大学一年级的数学课，根据内容、难度等的不同分为AP微积分AB和AP微积分BC，后者难度更大。

师，而是一个将满腔热情投射到其学生和教育方法的人。克雷格的正式身份是微积分教师。但私下里，他还作为教练、悲伤咨询师和分诊护士负责领导力实验室。克雷格是一个迥然不同的人，他被认为是美国最好的中学数学教师之一。而从美国犹他州教育局的标准化数据来看，他可能是最棒的。

2006年，也就是克雷格开始教授微积分的前一年，伦尼皮克高中的每千名学生中有46名参加AP微积分AB考试。2016年，每千名学生中有160名参加该考试（跃升了近250%），而全犹他州每千名学生中只有34名学生参加该考试。伦尼皮克高中目前的AP微积分AB考试参与率比美国全国平均水平高出800%。那么表现如何呢？2006年，孤峰高中每千名学生中有13名通过了美国大学理事会（College Board）管理的标准化AP微积分AB考试，相比之下，全州学生的这一比例略高，为每千名学生中有22名通过该考试。2016年，该州的通过率仍然停留在2.2%，而克雷格的学生通过率飙升至11.4%，增长了777%，增幅惊人。与稳步推进改变相比，要进行一次彻底的转变绝非易事。要知道在这个时代，美国青少年的数学成绩排名甚至还没有进入发达国家的前20名，可见克雷格的成就有多么耀眼。

他从一个非常重要的先入之见，一个刻板而又绝不妥协的偏见着手：每个学生都可以学习微积分。他的数学教室是一个个人发展中心，他反对个人的学习能力在出生时就已决定的观点。[5] "我尽量不去评判一个学生的学习能力或者努力程度。"克雷格坚持认为，学习速度迟缓的学生并不是智力较低，只是吸收知识的速度较慢，所以他的关注点是学生的努力，而不是能力。能做到不对学生的能力做出歧视性判断是一种能力，也是一种道德体现，但许多教师都缺乏自制力，做不到不偏不倚。许多教师会对学生做出能力判断，并立即对学生进行分类和赋值。正如诺贝尔奖获得者丹尼尔·卡尼曼（Daniel Kahneman）所说："除非你刻意不这么做，不然你会自然而然地形成整体印象。"[6]克雷格在几年前就克制了这种自然冲动。

> **关键问题** 当你开始与新员工一起工作时，你是会立即判断他们的能力，还是会克制这种冲动？

美国哈佛商学院的传奇人物C. 罗兰·克里斯滕森（C.Roland Christensen）也得出了同样的结论：我相信每个学生都拥有无限的潜力。乍一看，他们就像老师一样，从平庸到卓越，应有尽有。但若只是粗略判断的话，看不出其中蕴藏的潜力。伯乐识人需要直觉，但我见证了太多的学术奇迹，以至于我开始怀疑直觉。我现在将每个学生都看作是"艺术作品的素材"。如果我对学生的创造力和成长能力有信心并深信不疑,那我们很有可能一起取得成功。但是,如果我不相信这种潜力,就会为失败播下怀疑的种子。学生们读懂了负面信号,那么无论我多么小心翼翼地掩饰,他们都会从冒险创造退回到"只是有可能"的境地。当这种情况发生时,所有人都会输。[7]

在社会心理学领域,有一个专门研究刻板印象威胁理论的分支。该理论认为当人们获得负面的刻板印象时,他们会倾向于接受那个印象,即给自己贴上标签。这样的负面印象也能不断地积累并放大。在它的影响之下,人们虽然可能只是意识到自己会给人留下其中一个负面印象,但也会促使人们接受自己身上无形的标签。而有关种族、性别、年龄、体态和学习能力等的刻板印象会对当事人造成严重的心理伤害。正如克劳德·M. 斯蒂尔(Claude M. Steele)所说,刻板印象威胁能导致人们"缺乏自尊心和对自我的期待,驱动力不足,容易产生自我怀疑"。[8]

> **关键概念** 期待对行为的影响具有正相关性。人们的表现会随着设立的期望的高低而变得好或者差。

刻板印象也会影响个人的表现。克雷格帮助学生避免了任何刻板印象可能对他们造成的精神伤害。每年来的学生都坚信自己数学不好,每年也正是这批学生通过了AP微积分考试。

除了相信每个人都可以学习微积分之外,克雷格还增加了学习安全感的前提条件。正如他解释的那样:"只有我喜欢学生,我才能教他们;只有我了解他们,我才可能喜欢他们;而如果我不和他们交谈,我就不可能了解他们。"所以他每学期上的第一节课,除了了解学生的名字和他们的生活外,什么都不做。在那之后,每个人都开始微积分的正式学习,但他仍时不时地会在课堂上与每个学生进行短暂的个人接触。每节课开始时,他都会全班点名,单独向每个学生打招呼,并检查作业的完成情况。

在我对克雷格课堂的观察中,我注意到克雷格会在讲课和讨论之间来回切换。[9]课程编排非常轻松,这创造了一个在放松中不失学习强度,完全没有恐惧、抑制或拘束的课堂。克雷格用讲授的方法教一个概念,然后提出一系列问题让学生讨论,从而测试他们的理解能力。他采用了一种参与记分制的方法,鼓励学生们积极参与课堂讨论,让学生们动用智慧与情绪在解题的胜利与失败中找到正确方法,如此就能强化对问题的认知。"只要你知道原因,一个错误的答案和一个正确的答案一样重要。"他坚持说道。

> **关键概念** 失败是正常的，它是期待和前进的方向。发现答案之前总会经历挫折。

事实上，如果你真的在尝试，就不应该感到耻辱与羞愧，也不应该因为失败感到尴尬。这只是一块垫脚石。我们应该奖励失败，因为这不是失败，而是进步。对失败的审视往往比对成功的审视更有价值。克雷格也遵循了这一原则，驳斥了传统的重考（如果学生表现不佳，允许学生重考的做法）是行不通的观点。克雷格认为："这对老师来说是一项额外工作。""但重考显然是有效的，所以我给了学生无数的机会。如果他愿意努力，总会给他机会。他可以再试一次。"

克雷格希望学生不要带着恐惧去学习，因为学习本身就可能让学生产生恐惧。他认识到，情绪痛苦（焦虑、愤怒或抑郁）的学生会导致其认知受损，学习成绩不好，因此他营造了一种具有挑战性的，但又不失自信的学习安全感氛围，极大地降低了学习风险。一名学生说："上史密斯老师的课不会感觉尴尬。""即使有一些东西不懂，你也不会觉得自己很笨。"

> **关键问题** 你的团队会惩罚失败吗？你会惩罚失败吗？

学习安全感需要无私地奉献和超乎寻常的高情商，而这些品质正是克雷格所具备的。他是一个非常热情的人，他想要为学生带来祝福，而不是给他们留下不好胜、不好斗，也不惩罚人的印象。他不会夸夸其谈，炫耀自己的才华，或者与他的学生进行较量。相反，他表现出了非凡的耐心和谦逊。也许很多人看不到他对语言内容与语境的把握，但他已经形成了敏锐的社交敏感度，能够解读学生的非语言暗示。他精通这门语言，这使他能够与学生的认知和情感发展保持同步，永远不会与他们脱节。[10]

另一名学生说："当你问问题时，史密斯老师从不表现出烦躁或恼火的样子。他会在你的桌边蹲下来，弄清楚你想知道什么，然后在此基础上帮助你。但他不会直接给你答案。你必须解释清楚你被困在哪一步，为什么被困住。"

> **关键问题** 你从失败中学到的东西和从成功中学到的一样多还是更多？

克雷格说："微积分不是一门简单的学科。我也意识到我的很多学生再也不会使用微积分了。但我们要做的是培养自信、自立、坚韧、无畏的学生，为其生活做好准备。学习的旅途会让你学会承担责任，让你全力以赴，让你自我感觉良好。是的，我教微积分。更重要的是，我教学生。"

克雷格比其他微积分老师更懂微积分吗？这是他的竞争优势吗？显然不是。他凭借非凡的洞察力，掌握了塑造社交、情感和认知语境的艺术,创造了一个真正意义上"干净、明亮的地方",让所有学生都能茁壮成长。[11]这就是学习安全感。

知识分子和情绪

一个人的学习能力体现在他能保持专注,控制冲动,避免分心。研究者使用诸如心流状态、元认知、执行功能、有效努力和高参与度等术语来描述优秀学习者所做的事情。这些术语指的是监督性注意力[①]系统或认知控制系统。

如果要说我们对学习有什么了解,那就是学习不是一个孤立的、理性的过程,也不是冰冷、枯燥和机械化的,而是在情感中夹杂着理性,理性中蕴含着情感,认知和情感密不可分的过程。在去英国牛津大学之前,我在美国犹他州大学获得了硕士学位。我的导师约翰·弗朗西斯(John Francis)先生是一位在国际上备受尊敬的政治学家。他对我的论文进行反复指导、

---

① Supervisory Attentional System Model,简称SAS。是由Shallice于1982年提出的一种注意力机制。她认为SAS系统在整个信息处理的过程中,能发挥重要的信息处理机制,负责监督个体例行事务运作的功能。

修正，帮助我在学术上为进入牛津大学做好了准备。他敦促我、鞭策我，让我充分发挥自己的才能。在一堂课上，我变得非常烦恼，因为我的论文永远得不到优。我会和约翰一起坐在他的办公室里，仔细回顾一遍他的修改，虽然每次我都会带着挥之不去的挫败感离开，但我仍然爱着这个人。在这一个激励我加倍努力的过程中，一种奇妙而独特的感觉油然而生。他几乎把我逼疯了，但我也没有逃避。当他亲自与我联系时，我给了他催促我的许可。

> **关键问题** 在你的生活中是否有这样一位老师为你创造了学习安全感，并不断敦促你，让你的表现达到更高的水平？

那么约翰在教室又做了什么？在课堂上他通过讨论的方式与学生分享知识。他是个才华横溢的人，但他的课几乎没有说教，也不存在卖弄学问的情况。传统的讲课方式是专制的。约翰选择了一种更民主、更具协作性的方式，让大家一起学习。当然，这给学生们带来了更多的风险，因为我们要承担更多相互教导的责任，这种大家都是主人翁的机制给我们带来了更深层次的情感投入，让我们在学习过程中更愿意承担风险。

领导者只有通过持续的积极情绪反应将成员们的脆弱性降至最低，才能保持组织的学习文化。[12]人们想看到领导者对异议和坏消息的反应。如果领导者能专心倾听，对参与者的行为建设性地回应并表达赞赏，参与者就会吸收这些积极力量，并更多地参与贡献。

> **关键概念** 给予或维持学习安全感最重要的信号是领导者对异议和坏消息的情绪反应。

作为一名教师，约翰掌握了认知和情感系统的结合。如果人们失去了情感投入，智力交流就会变慢，甚至根本就不会发生。人们从他们爱的人那里学到的东西比从他们不爱的人那里学到的更多。

> **关键概念** 人类在社交、情感和智力上的进程是统一的。

学习不是一个独立、冷静的数据中心的运作过程，它需要头脑和心灵的相互作用。另一个目击者，或许也是证明学习安全感必要性的最有利证据，那就是互联网、教育技术和学习的民主化。几千年来始终存在的学习障碍正在消失。互联网的无限可扩展性使任何人都能接触到世界上最好的内容和最好的老师，你所需要的只是一台智能设备和互联网的接入。随着一直以来的知识获取、知识成本和知识质量等障碍的减少，从理论上讲，我们应该会看到所有人学习行为的激增。我的女儿可以去可汗学院[①]寻求线性代数方面的帮助；我的儿子可以看一个简短的关于奶酪历史的TED教育视频[②]；我可以去大规模开放在线课堂平台[③]观看迈克尔·桑德尔（Michael Sandel）讲授的关于正义的课程。这些都是免费的课程和内容，而且随时随地都能看。

有了互联网，人们可以随时随地学习任何自己想学的东西。这是伟大的均衡器，除了一件事：人们需要专注和动力。我们已经进入了一个充满机遇的时代，人类拥有前所未有的进步可能，我们面对的挑战不再是时间和机会，而是欲望和纪律。教育技术的进步带来了学习复兴，但它把数百万缺乏兴趣、信心和参与动力的人抛在了后面，究其原因是因为他们被剥夺了学习安全感。

人类的学习不是孤立进行的，而是在环境中学习并一直受到环境的影响。当学习环境令人振奋时他们的好奇心会

[①] 可汗学院（Khan Academy）是由孟加拉裔美国人萨尔曼·可汗创立的一家教育性非营利组织，目的在于利用网络影片进行免费授课。
[②] TED教育视频（TED-Ed Video）是由美国TED公司推出的教育产品，为受众提供了来自世界各地的原创动画课程。
[③] 大规模开放在线课堂平台（edX）是由美国麻省理工学院和美国哈佛大学于2012年4月联手创建的。该平台免费给大众提供大学教育水平的在线课堂。

被激发。除此之外,学习安全感的水平直接影响了学习者互动的方式。荷兰社会科学家巴贝特·布朗霍斯特(Babette Bronkhorst)写道:"学习者参与跨专业模拟课程的程度和质量,受自我效能感和产生于学习环境的心理安全感的影响。感受到安全的学习者更愿意走出自己的专业舒适区域,去进行实验、解决难题和反思自己的表现。"[13]

学习安全感是激发学习者好奇心和促使他们敢于个人学习的前提条件。比尔·盖茨说:"像我一样好奇的人在任何体制下都能如鱼得水。对于有上进心的学生来说,这是一个黄金时期。我希望我还年轻。我羡慕我的儿子。现在,如果他和我在谈论一些我们不理解的东西,我们只需要观看视频和点击文章,就能为我们的讨论提供信息。不幸的是,像这样好奇心很强的学生只有一小部分。"[14]

比尔·盖茨说只有一小部分孩子保持较强的好奇心,我们要注意他与自己儿子之间是如何建立联系的。他会与儿子促膝长谈,并肩学习。他在与儿子建立情感联系的基础上推动孩子的智力探索。令人惊讶的是,当有人创造了充满学习安全感的环境时,就能迅速激发学习者的好奇心和学习动机。

> **关键问题** 你上一次为他人创造培养好奇心与动力的学习环境是什么时候?

请记住，人类在参与学习过程之前，会本能地渴望学习安全感。如果你知道问问题会被嘲笑，那么自我审查的本能会抑制提问的冲动，并将你转变为习惯于自我防御的人。值得信赖的领导者会得到学习者的安全许可，而不受信任的领导者会被禁止进入。当谈到学习安全感时，学习者拥有最终决定权。

> **关键概念**：我们用先进的个人监控系统保护我们的社交和情感。

从岛国汤加到美国费城

看看我大学橄榄球队队友瓦伊·斯卡赫马（Vai Sikahema）的故事。他8岁时随家人从岛国汤加来到美国。他们在美国亚利桑那州的梅萨定居下来，瓦伊的父亲在当地找到了一份看门人的工作。由于学校没有教授英语的课程，所以瓦伊坐在教室的后排，听得见老师的声音却听不懂老师在说什么。

"我感到自己如此脆弱，并备受威胁，"他说，"我不会承认英语是我的第二语言。我为我的文化，我的语言，甚至我的名字感到尴尬。我只想要一个人们可以发音又不会取笑的普通名字。你要明白，我才刚习惯穿鞋。"

瓦伊被拳击和橄榄球等运动深深吸引，在这些运动中，他的身体天赋给他带来了极好的回报，并为他的社会和文化融合指明了一条道路。他的父母为他提供了一个充满爱的环境，但因他们自己的教育水平有限，也没有经验来支持他的学业，这导致瓦伊的学业严重落后。对瓦伊一家来说，正规教育是未知的领域，所以他们听从了瓦伊高中教练的指导，选择去拿体育奖学金，对他的学习睁一只眼闭一只眼。因此，瓦伊高中的大部分课程都是跟教练学的，他怀着很高的期望，希望保持2.0的平均绩点，以保证自己有打橄榄球的资格。

时间一年一年过去，学业上的差距也在拉大，除了一门学科——英语。瓦伊在高中时有一位英语老师，名叫芭芭拉·尼尔森（Barbara Nielsen）。她在观察到班上的瓦伊之后，立即注意到了他在阅读、写作和口语方面的不足。瓦伊15岁时的阅读水平相当于同龄人五年级的阅读水平，比同龄人落后5年。芭芭拉给瓦伊的父母打了电话，计划每周六到他们家帮助瓦伊练习阅读。她并没有止步于此：她让瓦伊加入了学生报社，在那里他最终锻炼和提升了英语写作能力，并学会了写文章。芭芭拉每周都会去瓦伊家，他们一起费力地读《远大前程》和《杀死一只知更鸟》。瓦伊负责读书，芭芭拉会问他问题。当时的瓦伊并不知道，芭芭拉创造的学习安全感给他带来了慰藉，这也成为他人生的转折点,影响了他未来几十年的学习。

瓦伊15岁时在英语阅读理解方面与同龄人有5年的学习差距,而他在数学和科学方面的差距要大得多。这一差距从未缩小。与此同时,他在橄榄球场上表现出色,并获得了美国杨百翰大学的美国全国大学体育协会全额奖学金。瓦伊学习非常用功,但仅凭毅力并不能弥补数学和科学方面与其他同学的巨大差距。

> **关键概念** 仅凭毅力并不能弥补学习上的差距。学习安全感至关重要。

在物理成绩不及格,其他课程成绩接连不理想之后,瓦伊开始失去信心。最终,他放弃了获得大学学位的机会。与此相对的,他专注于通过参加各种入门级课程来保证打橄榄球的资格。在离开杨百翰大学之前,他5次物理不及格,并且从未申报过主修课程。正如他所说:"我只是想坚持住。"

瓦伊后来成为第一位进入美国国家橄榄球联盟(Nation Football League,简称NFL)的汤加裔美国人,在他8个赛季的职业生涯中曾为3支球队效力,两次作为弃踢回攻手入选NFL全明星赛。8年后,瓦伊从NFL退役,受雇于美国费城哥伦比亚广播公司旗下的宾夕法尼亚州费城电视10台做周末体育节目。该电视台后来被卖给了美国全国广播公司,瓦伊负责的节目也转到了工作日,于是他成为一名早间新闻主播和电视台的体育节目总监。前NFL球员的头衔是一个好招牌,但瓦伊是在哪里以及如何学习新闻播报的?他又是如何获得尝试的勇气呢?鲜为人知的秘密是瓦伊在休赛期做的事情。在休赛期,他会去当地电视台做实习生。"在那段时间,我学会了煮咖啡、吃甜甜圈和撕剧本。虽然我练习发音吐字的机会很少,但我必须向人们表明,我可以撸起袖子,做职业运动员通常不会做的事情。"

瓦伊的职业生涯长度远远超过了NFL3.3年的平均水平,但他知道这总有一天会结束。瓦伊有4个孩子,他没有任何学位,他知道自己必须为未来做些准备。"一路走来,我有很多老师,但我必须告诉你,学习这件事的动力在很大程度上来自芭芭拉老师。她在我15岁的时候埋下了一粒种子,这粒种子从未死过。"为了给他非凡的人生旅程画上完美的句号,瓦伊进入了美国费城当地的一所社区大学,并拿到了"优"的物理成绩。

美国斯坦福大学的卡罗尔·德韦克(Carol Dweck)坚持认为,"学生的能力或智力与他是否能培养出积极进取的品质之间没有关系。一些非常聪明的学生倾向于回避挑战,不喜欢努力,在困难面前萎靡不振。而一些不那么聪明的学生则是真正的积极进取者,他们在挑战中茁壮成长,在遇到困难时坚持不懈，能取得比预期更多的成就"。[15]德韦克没有提到的是，环境在这一过程中扮演着至关重要的角色。因此，鼓励参与的社会交换定义了学习安全感。我认识的人里面，没有人能在没有任何帮助的情况下克服生活中的困难。总有一些人扮演着关键角色，就像芭芭拉为瓦伊所做的那样。在这种情况下，她很早就为瓦伊埋下了影响力种子，而这种影响力让瓦伊变得更加大胆，不会被失败影响。稍微思考一下你就会明白，成功的真正秘诀是努力工作并寻求帮助。当一个人在人生旅途中处于不利地位时，学习安全感可以成为巨大的平衡器。

| 关键问题 | 你能想到一个为你创造了学习安全感，并且相信你的学习能力，在你的生活中扮演关键角色的人吗？ |

使组织中的人员去商品化

许多组织的管理层仍然被婴儿潮一代[①]占据，为了避免职

[①] 婴儿潮由Baby boom翻译而来，特指美国在第二次世界大战后从1946年至1964年出生的人，这18年出生人口高达7600万人，这一人群被称为"婴儿潮一代"。

业生涯遭遇滑铁卢，他们故步自封，坚守着另一个时代的旧技能，即便在公开场合承认新世界，但私下里不愿意学习，勉强坚持直到退休。

他们为什么要这么做？他们已经落后了，待在新旧两个世界的夹缝之间。他们成长的世界痴迷于能提供自动化、大规模生产和规模经济的机器，而不太关注人力资本，特别是他们自己的人力资本。

但现在人力资本就是一切。然而，历史上第一个担任首席学习官的史蒂夫·科尔（Steve Kerr），直到1994年才被当时的通用电气首席执行官杰克·韦尔奇（Jack Welch）任命。社会对于个人是生产力的源泉的认识进程十分缓慢。人们普遍认为，组织中只有一小部分人可以作为知识型员工进行学习和贡献。领导者的运作基于这样一个假设，即组织中的人分为有思考力人员和非思考力人员。受弗雷德里克·温斯洛·泰勒（Frederick Winlow Taylor）的影响，各组织将原始定额生产率作为衡量标准，对人类劳动进行了限制和划分。占组织大多数的非思考力人员，其创造性产出甚至没有被考虑，这种观念陷入了数世纪以来的偏见泥潭中，使我们对人的潜力视而不见。

> **关键概念** 有偏见的头脑具有盲目性。

即使对于组织中的有思考力人员，这种观念也强调通过一次性学习获得永久的资格。这种工业时代的固有思维模式建立在重视资产和将人商品化的基本原则之上。尽管20世纪后半叶出现了组织行为主义者，但等级制度的遗留，以及在规则之下强调问责和内部控制仍然是主流。

我们要在今天的背景下想一想等级制度给我们留下了什么。竞争优势的"此起彼伏"并不是什么新鲜事，不同的是这种起伏的平均长度，也就是说现在的竞争起伏周期更短了。随着这一趋势加剧，学习对成功变得更加重要，因为一个组织的知识半衰期反映了它的竞争战略。随着时间被全方位压缩，这自然会将维持竞争力的动力转移到学习上。竞争周期就是学习周期。要么通过学习和调整保持竞争力，要么就会变得可有可无，面临被淘汰风险。

我们过去认为学习是离散的、基于事件的，是由一个难题或问题引发的行为。现在看来，学习是连续的，并嵌入到工作流程中。因为知识获取和价值创造的不可分割性，使得我们越来越难以将学习和生产分开。随着个人在生产与学习过程之间不断来回切换，这两个过程之间的界限比以往任何时候都要模糊。最终，工作和技术将与学习和人才管理系统结合，以促成工作流程和学习的无缝结合。

危险之处在于,人们相信技术是可以解放学习过程的秘方。这种对技术力量的过度信仰就是理查德·佛罗里达所说的"技术乌托邦主义"[16]。尽管协作技术的进步令人印象深刻,但它无法克服独裁领导者给员工带来的令员工恐惧的巨大心理障碍。然而,我们还是能听到有人宣称最新技术进步的无限潜力,如混搭网络应用程序、虚拟学习世界、编程马拉松和性能支持工具。技术炒作的循环和技术拯救论永远不会消失。

反思一个组织的真正定义是很有帮助的。有很多定义描述这个时代,但也许最适合的是教育理论家马尔科姆·S.诺尔斯（Malcolm S. Knowles）提出的。他让我们把一个组织看作是一个"学习和生产的系统"[17]。在这个时代,竞争实际上是基于组织的学习能力产生的。在一个冷酷无情、竞争激烈的环境中,创建一个学习速度快于或超过变化速度（学习敏捷性的定义）的组织是当今时代的核心挑战。

彼得·德鲁克（Peter Drucker）在1959年就已经创造了"知识工作者"（Knowledge Worker）一词,但我们至今仍在努力打破工业时代的正统观念。我们继续提拔顽固不化的专权型老板,让他们不分时间、地点地领导着组织。他们生存下来的唯一原因是其组织拥有竞争优势的来源,这弱化并掩盖了他们的责任。变化多样的组织越发要求领导者能够为组织确定方向，提供服务、指导，以及为组织赋能并推动组织发展。我们看到，现在主要的领导模式继续从官僚专制向民主专制和平等主义转变，从任务导向转向以人为本，从指令性转向促进性。

这不仅是对"领袖即先知"模式的彻底颠覆，还要求领导者呈现一种截然不同的情绪和社交姿态。领导者必须习惯于通过他们的学习和适应能力，把自己描绘成有能力的人，而不是通过他们的专业知识。为了培养学习安全感，领导者必须树立谦逊和拥有好奇心的典范，而这与大多数传统的领导力概念是完全不同的。具有讽刺意味的是，领导者正面临的挑战要求他们在不知情的行为中培养信心。他们必须接受这样一个事实：在学习过程中，他们会经历暂时的无能为力。

我曾与一些难以相处的团队进行合作，因此想提供最后两个有关培养和维持学习安全感的建议。第一，管理那些用嘴学习的人——你的团队中那些说话咄咄逼人的成员，他们往往会用激烈的言辞和批评来威胁他们的同事。第二，永远不要因为等级制度减轻任何人学习的责任。当我培训高管团队时，大约一半的首席执行官没有参加，而其他人来的时候充满对学习的渴望。那么谁有优势呢？

| 关键问题 | 你认为领导者是学习者还是先知？你是否表现出积极进取、自我导向的学习倾向？ |

致力于维持学习安全感的领导者明白，学习是竞争优势的来源，它代表着最高级的企业风险管理，公司的最大风险来自停止学习。并且越来越明显的是，领导者如果不在自己的性格中表现出积极进取和自我导向的深层学习模式，几乎肯定会失败。反之，能做到的人几乎肯定会成功，前提是他们将这些学习模式与吸引人才的能力结合在一起。归根结底，领导者只有通过树立典范、交流、教育、衡量、承认并奖励学习，才能形成学习安全感。

> **关键问题** 如何才能消除学习者的焦虑障碍，使团队中最拘谨、最恐惧的成员都会参与进来？

我们的团队可能拥有杰出的人才和丰富的资源，但如果个人不能自由地探索、试探、尝试和试验，不敢问"愚蠢"的问题，不能最大限度地发挥才能，不允许失败，他们就不会冒险。[18]学习安全感很重要，因为它鼓励这些特定的学习行为。更了不起的是，它可以在无形中起到调整的作用，使得组织成员在向对其职业生涯有话语权的人寻求帮助时，能不再犹豫和焦虑。[19]最终，我们每个人都可以选择培养、支持、刺激学习安全感，也可以选择破坏、忽视并扼杀学习安全感。

关键概念

- 毁灭的真正定义是当你失败时没有人关心。
- 几乎所有的情况中,学生的失败都源于学校和家长的失败。
- 不安全的学校像是疏忽大意的托儿所,而不安全的工作场所像是充满嘲笑、讥讽的避难所。
- 无论是家庭、学校还是工作场所,一个充满敌意的学习环境是一个产生恐惧进而引发人们的自我审查本能并终止学习的地方。
- 当环境选择惩罚而不是教导时,无论是通过忽视、操纵还是胁迫,个人都会变得更具防御性,会缺少反思,更不能进行自我诊断、自我指导和自我纠正。这就带来了真正失败的风险——放弃继续尝试。
- 给予学习安全感的道德义务首先是鼓励学习者学习。让学习者做第一个行动者。
- 期待对行为的影响具有正相关性。人们的表现会随着设立的期望的高低而变得好或者差。
- 失败是正常的,它是期待和前进的方向。发现答案之前总会经历挫折。

- 给予或维持学习安全感最重要的信号是领导者对异议和坏消息的情绪反应。
- 人类在社交、情感和智力上的进程是统一的。
- 我们用先进的个人监控系统保护我们的社交和情感。
- 仅凭毅力并不能弥补学习上的差距。学习安全感至关重要。
- 有偏见的头脑具有盲目性。

关键问题

- 你知道有多少学生在学业上取得成功,却在情感上受苦吗?
- 有没有哪位老师比你更相信你的学习能力?这对你学习的动力和努力有何影响?
- 当你开始与新员工一起工作时,你是会立即判断他们的能力,还是会克制这种冲动?
- 你的团队会惩罚失败吗?你会惩罚失败吗?
- 你从失败中学到的东西和从成功中学到的一样多还是更多?
- 在你的生活中是否有这样一位老师为你创造了学习安全

感，并不断敦促你，让你的表现达到更高的水平？
- 你上一次为他人创造培养好奇心与动力的学习环境是什么时候？
- 你能想到一个为你创造了学习安全感，并且相信你的学习能力，在你的生活中扮演关键角色的人吗？
- 你认为领导者是学习者还是先知？你是否表现出积极进取、自我导向的学习倾向？
- 如何才能消除学习者的焦虑障碍，使团队中最拘谨、最恐惧的成员都会参与进来？

第三阶段
贡献安全感

我视所有人为合作伙伴，每个人都能做出贡献，并把自己做到最好。所以我看不到最高等级和最低等级——我看到的一切都位于一条水平线上，都是社会发展的一分子。

乔纳斯·索尔克
（Jonas Salk）

第三阶段
贡献安全感

是时候出发了！

试想一下，如果你身为田径队一员，但没能参加比赛，相反地，你被"禁锢"在板凳上，那么这种滋味如何呢？在这种时候，如果你的队友接受了你，你就获得了融入安全感；如果你努力练习，你就有了学习安全感；但如果你从未参加过比赛，你就不会有贡献安全感（图3-1）。

坐板凳是一种介于热身和上场之间的暂停状态。不管是从

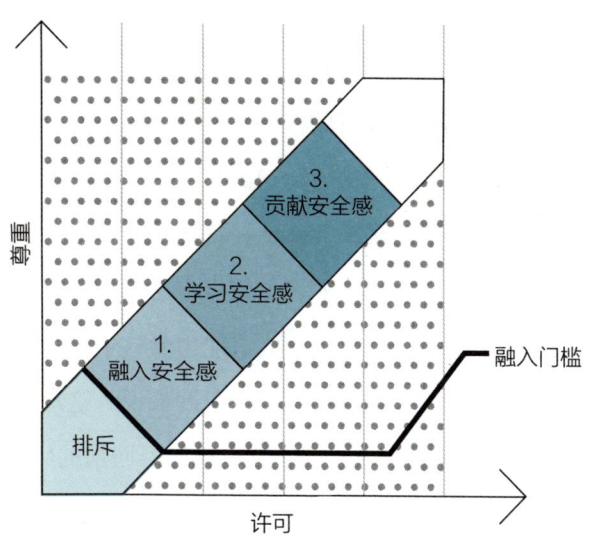

图 3-1　融入与创新通道的第三阶段

社交还是情感上都让人备受折磨。然后有一天，教练拍了拍你的肩膀说："去比赛吧。"一瞬间，你跑到了赛场上，你不再是旁观者，而是贡献者。在那一刻，能为团队做出贡献的满足感取代了被迫暂停的失落感。你不再为永远不会到来的事情做准备。

> **关键概念**　除了那些可能因为恐惧或焦虑而缺乏勇气的人，人们想要参与组织活动的念头十分强劲且持续不断。

在第一阶段的融入安全感中，我们从人性的角度出发接纳个人。在第二阶段的学习安全感中，我们也鼓励在人性的基础上学习，然后鼓励个人参与到学习过程中。但第三阶段的心理安全感并不是我们天生拥有的权利。相反，这是一种根据个人表现定夺的特权。贡献安全感意味着好的表现就能获得主动权。如果你能有好的表现，你就能获得贡献安全感。贡献安全感标志着学徒期的结束，人们开始依靠自己获得稳定表现。是时候贡献出一分力量了！当你个人有能力做这项工作时，领导者就会保证你的贡献安全感。从商业角度来说，这意味着个人是一种资产，而不是负债，是能带来正投资回报的纯贡献者。组织根据个人创造价值的能力给予相应的尊重和许可。

贡献安全感对双方都提出了更高的要求。这是一种相互投

第三阶段
贡献安全感

资,个人投入精力和技能,组织投入支持、指导和方向。当促进贡献安全感的行动奏效时,组织就会赋予个人贡献安全感,并说:"去做吧!"同样,在这个时候,个人已经做好了准备,并产生了做出更大贡献的愿望,并说:"让我来做吧。"这就是我儿子目前的情况。他通过了笔试和路考,最近刚拿到驾照。为了达到驾驶要求,我和他的母亲记录了他40个小时的白天驾驶练习和8个小时的夜间驾驶练习。

在这个时候,如果他对我说:"爸爸,你能开车送我去朋友家吗?"这是很不正常的。他想自己开车,这是理所当然的。

> **关键概念**:为表演所做的准备催生了表演的欲望。

所以你不能永远满足于坐冷板凳。第三个阶段的社会交换指的是在指导之下获得主动表现权。但如果个人表现不佳,组织就会减少其所提供的学习安全感。一旦你参加了比赛,你就得担负起你的责任,否则你很快就会再次坐上替补席。另一方面,如果你能做出贡献但永远没有机会,你要么接受现实,要么就去找另一支球队。

因此,贡献安全感意味着社会契约正式生效。一旦个人的实习生身份转正,他或她就将被视为团队中的正式成员,组织希望其做出有意义的贡献。如果说学习安全感是准备的阶段,那么贡献安全感就是表现的阶段。跨越到贡献安全感释放了一个信号,表明现在是开始做贡献的时候了,团队相信你能履行其赋予你的职责,组织希望你能担负起重任并能胜任工作。

21世纪表现的基本单位是团队。在你的职业生涯中,你可能成为众多完整的跨职能团队的一员。你将与一些本地团队成员合作,也会与其他跨国团队合作。事实上,随着组织变得更加扁平化,同时为多个团队效力会变得越来越普遍。[1]不管你所从事的工作性质和你所在的团队如何,第三阶段的心理安全感将永远是保证表现的基础。

执行与创新

如果说学习安全感为学习提供准备,贡献安全感促进个人表现,那么我们所说的表现到底是什么意思?答案是:执行和创新。

> **关键概念**:组织只参与两个过程——执行和创新。执行是为今天创造和传递价值,而创新是为明天创造和传递价值。

这两个过程本质上是不同的。执行是进行工作和扩展流程,是通过控制和驱除可变性以保证工作效率。创新则相反。它关乎自由、想象力、创造力，同时引入可变性。因为执行更多的是标准化，而创新更多的是偏离标准，两者之间自然存在着矛盾和权衡。无论是对于跨国公司还是民间性组织，执行和创新之间的根本区别都是成立的。这是否意味着贡献安全感只关乎执行而不是创新？不完全是。这也是心理安全感发展的有趣之处。

创新就其产生原因来看可以进一步分为攻击型创新和防御型创新。攻击型创新是主动的，而防御型创新是被动的。两者都是对适应性挑战的回应，只是种类不同。

> **关键概念** 攻击型创新是对机遇的回应，而防御型创新是对威胁或危机的回应。

攻击型创新是你选择改变，而防御型创新则是改变选择你。这种区别为什么很重要？因为防御型创新是贡献安全感的自然组成部分，而攻击型创新不是。图3-2显示了这两种创新类型。

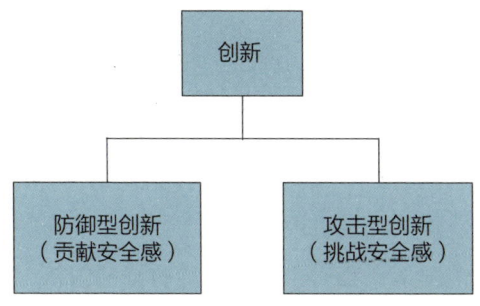

图 3-2　第三与第四阶段的防御型和攻击型创新

我在日内瓦钢铁公司担任工厂经理时，生产的钢板主要销往美国卡特彼勒公司，他们用钢板制造大型设备的零部件。有一次，美国卡特彼勒公司通知我们说钢板的外观要求不合格。当时他们正在收紧质量参数，除非我们能想办法满足他们的要求，否则他们会找另一家供应商。我们面临着一个新的适应性挑战，在这种情况下，我们处于危机边缘。我还记得召集团队参加第一次紧急会议的情景。操作员，工艺、化学、冶金和质量工程师以及维修人员等紧急集合，都在试图找到如何消除表面小瑕疵的办法。我们不仅需要好好分析问题的根本原因并给出解决方案，还需要防御性创新，而且这事迫在眉睫。

这个典型例子几乎每个组织都经历过。利益相关者的需求变化，消费者偏好的变化，新的竞争对手出现，人口结构变化，技术加速，等等。我们要么通过防御型创新继续保持竞争力，要么因为缺乏足够的贡献安全感，无法开诚布公地讨论错误或者提出改进措施，最终退出游戏。防御型创新之所以是贡献安全感的一部分，是因为什么都不做比制订应对措施风险更大。

> **关键概念**　当外部的威胁挑战现状时，人们对挑战现状的惧怕被生存本能所取代。

在这种情况下，我们希望并期待防御型创新。挑战现状不再是个人风险，你可以借助外部力量帮你完成这项任务。在美

第三阶段
贡献安全感

国卡特彼勒公司的例子里,外部力量是卡特彼勒公司,一旦他们发起了挑战,我们对挑战现状的恐惧就不存在了,因为生存岌岌可危。

我所观察到的几乎每个团队或组织都遵循这个模式。为了生存而进行防御型创新属于正常预期。当存在外部威胁时,你的内心恐惧也就消失了。

> **关键问题** 你有没有遇到过消除了你对挑战现状的恐惧的外部威胁?

事实上,外部威胁让人们不得不与恐惧站在一起,它为人们提供了一个共同敌人:一个明确而现实的危险。然而,积极创新则是另一回事。它涉及更多的个人风险,因此建立在更高水平的尊重和许可的基础上,也需要更高水平的心理安全感。当然,这是挑战安全感的保障,我们将在下一章讨论这一点。总而言之,贡献安全感推动了执行力和防御型创新,但没有解决攻击型创新通常需要的更高水平的风险和脆弱性。

以自主换取成果

贡献安全感第三阶段的社会契约是通过自主权换取表现。

社会单位给予个人更多的独立性和所有权，不仅是因为其获得的知识和技能，而且还基于个人良好的工作习惯和纪律性，既掌握专门知识又可靠。简而言之，当我们进入贡献安全感阶段，个人的责任级别也提高了（表3-1）。任何进入贡献安全感阶段的个人都要对工作的产品、成果和交付负责。我十几岁的孩子们每天、每周都要做家务、练习乐器、做作业、喂狗。他们的表现越好，自主权越大。

表 3-1　第三阶段　贡献安全感

阶段	尊重的定义	许可的定义	社会交换
贡献安全感	尊重个人创造价值的能力	允许个人独立工作和独立思考判断	通过指导获得自主权以换取成果

无论个人的表现如何，只要某人有礼貌并愿意学习，我们都有道德义务给予其融入安全感和学习安全感。然而，贡献安全感的道德准则不同，因为个人承担着更高的责任。贡献安全感是个人和社会单位的共同投资，而不是一项自然权利，也不是人类凭借其身份所享有的权利。我们必须去争取贡献安全感。如果领导者手下的人变得更加自觉，并交付预期的结果，领导者就会出于本能赋予他们更多自主权。养育孩子也是逐步转移责任的过程，因此我和我的妻子经常提醒我们的孩子：越

第三阶段
贡献安全感

早愿意承担，我们就越早愿意放手。

> **关键概念** 当你有能力并愿意对自己负责时，你就准备好接受贡献安全感了。

有了贡献安全感，组织会代表个人承担风险，因此个人应该做出贡献。出现问题时，与失败风险相关的责任通常落在组织而不是个人身上。如果我公司的软件开发团队向某个客户交付了一个错误连篇的解决方案，那么我们都会承担相应的代价。毫不奇怪，与业绩表现相关的风险越高，我们授予的自主权就越少，即使我们十分信任某个人的技能与可靠度。在我管理钢铁厂的时候，我们有超过10000个书面的标准操作规程来管理着炼钢过程的每一个阶段。

如果组织给予的贡献安全感得当，那么当你争取到机会时，贡献机会一定会到来。这也意味着，如果你没有准备好或准备严重不足，你就会被拒绝。所以我们只有在观察到员工长久稳定的业绩表现后，才给予其完全的贡献安全感。事实上，如果个人没有做好工作的准备，组织就为其提供贡献安全感，这将会是十分愚蠢的举动。我们是根据个人的绩效逐步做到这一点的，以此管理风险。

> **关键问题** 你是否在贡献者缺乏相关技能或不愿意为结果承担责任时，就草率地给予其贡献安全感？

97

向贡献者过渡

在许多组织中,向贡献安全感的过渡等同于完成正式培训并获得能证明个人已准备好执行特定工作、胜任某种角色或职能的证书。例如,在美国医生、律师、教师、工程师、航空飞行员、砖瓦工、会计师,有时甚至花卉设计师都必须通过认证考试才能证明他们的能力,才能进入专业协会成为会员。但还有更多的角色没有正式的证书或准入规则,如高尔夫职业选手、少年联盟教练和冲浪教练等。还有一些角色的证书不是硬性规定,如厨师、河流导游、园艺师或者私人教练等。从准备到表现的过渡可以是正式的,也可以是非正式的,可能是逐步的,也可能是立刻的(表3-2)。

表 3-2 从准备到表现的过渡方法

正式且立刻 (律师)	正式且逐步 (记者)
非正式且立刻 (运动员)	非正式且逐步 (家长)

正式且立刻。在美国,要成为一名律师需要3年的法学院或学徒生涯,但只有通过所在州的律师资格考试后,你才有权

在该州从事法律工作。一旦你通过考试，向贡献安全感的过渡就是正式的、立刻的。当然你还不是一个有经验的律师，但你至少有足够的知识和技能胜任这个角色。

正式且逐步。正式且逐步地向表现过渡的例子不太常见，因为正式的过程意味着通过某种类型的事件或衡量标准来确认是否有变化。正式且逐步地过渡通常涉及对个人工作能力的定性判断，而不是定量判断。例如，我曾与一家报社合作，该报社聘请了一名新记者来撰写报道。记者这一职务的聘用和任命是正式的，但这名记者最初只是处于学习阶段的初级记者。在主编的监督下，从初级记者向撰写专栏深度报道的资深记者过渡是一个渐进的过程。这个过程没有测试或认证，而是基于个人日益成熟的报道能力的缓慢过渡。在商界，许多工作都是这样的：你获得了一份工作，但在能够胜任这个职位之前，你仍然有巨大的技能差距必须弥补。

非正式且立刻。非正式且立刻地向表现过渡意味着没有正式的证书或任职标准。它往往出现在缺乏人手或需求激增的情况下。在这个时候，需要有人加入来填补这一空缺。例如，一名运动员受伤，替补队员立刻受命上场比赛；一名员工突然离开某个团队，你成了团队的领导等。

非正式且逐步。最后，非正式且逐步地向表现过渡可能在所有模式中最常见。它代表了成熟且化为更佳表现的自然过程。我在生活中扮演的最重要的角色是丈夫和父亲。但是，这些最重要的职责并没有给予我正式的头衔、执照或认证。结婚的那一天，确实标志着我成为丈夫，但这并不意味着我有资格成为丈夫。同样，我在儿子出生的那一刻就正式成为父亲，但他的出生与我能否成为称职的父亲并无关联。获得这个角色并不意味着你可以胜任这个角色。我在做好充分准备之前就担任了丈夫和父亲的角色，我还有很多东西要学。但生活中的大多数角色、职位和任务不都是这样吗？难道我们不是经常需要在不断成长中学会这些吗？

责任的 3 个层级

贡献安全感的定义是自主权换取成果，即随着个人不断学习，给予的贡献更多，换取的成果也会在规模和范围上增加。给予贡献安全感遵循一致的模式，社会单位会根据3个层级的责任——任务（第一层级）、过程（第二层级）和结果（第三层级）给予个人自主权。

如果我们在一个层级上一直表现良好，组织就会倾向于将

第三阶段
贡献安全感

我们提升到下一个层级。以我十几岁时辉煌的工作经历为例。我的第一份工作是在美国加利福尼亚州库比蒂诺的一个大果园里采摘杏子。每次我会提着两个金属桶到树上,在桶里装满杏子,然后带回工头那里,他会把杏子倒进木箱里。满满的两桶杏子可以装满容量27.2千克的木箱。在这份工作中,我只是局限于完成任务,没有提升到流程性工作层级。

高中时,我找到了一份草坪护理的暑期工作。我每天都在修剪家庭和企业的庭院。在我熟悉了这些任务后,老板就把我提升到了流程的责任层级。我会给草坪割草、修剪,给花坛松土等。当我展示了在流程层级执行工作的技能和意愿时,他向我委派了更多的任务。最后,当他能放心地把我送到一处草坪,并说:"让草坪变得美观好看,我两个小时后回来接你。"这时,我的责任已经提升到了成果的层级。

当我们转向成果责任级别时,如何完成工作,如何完成任务,以及如何管理项目和流程都无关紧要了,重要的是成果。我刚进入研究生院时,新博士生在入学第一周就受邀参加会议。我还记得副校长讲述这个古老机构的奥秘。虽然他说的话我已经不能完全记清了,但有一句话永远铭刻在我的记忆里。在长篇演讲之后,他说:"请记住,你们当中只有1/3的人能成功获得博士学位。剩下的人要么退出,要么失败。欢迎来到牛津大学!"

101

那一刻，我认真地考虑是否要坐公交车去英国伦敦希思罗机场，然后再买机票回美国。幸运的是，我留了下来，也了解到他并没有夸大其词。我还意识到，牛津大学的责任模式是纯粹的成果导向型。他们给予有指导的自主权，期望你能对你所在领域的知识做出原创性的贡献。他们对此非常认真，我的指导老师就是一个典型的例子。他非常愿意帮助我，但只有在我有成果向他展示的情况下，他才会同意见面。这就是牛津大学，有指导，但不会手把手地教，也没有溺爱，最重要的是，没有捷径。

> **关键概念** 用有指导的自主权换取成果是人类表现的基础。

这也是我从业以来一直的期望。当我成为美国旧金山一家咨询公司的经理时，我的老板在美国波士顿，我一年见他4次。他很少问我"怎么做"，但总是问我"做什么"和"为什么"。每季度他都会问："你的愿景是什么？你的战略是什么？你的目标是什么？为什么？"如果我的回答让他满意，他会说："太好了，下个季度见。"如果我有问题，他会和我一起深入探讨问题所在。他是根据成果给我发工资的，我理解这一点。正如你所看到的，贡献安全感建立在信任的基础上，信任是对一个人的行为方式的预见性理解。如果我交付了成果，我的老板就会给我自主权。

> **关键问题**　在用有指导的自主权换取成果的基础上,你期望交付什么样的成果?

蓝色区域和红色区域

每个人都有5个独特的人类特征:

- 动机:你对行动的渴望。动机是起身前行的助推器。
- 意志力:你为自己选择和行动的能力。例如,现在你可以选择继续阅读。
- 认知:你学习的心理过程、道德和理性思维的能力。我们通过思想和5种感官去认知。
- 情感:你的感觉状态。例如,你可以感受到喜悦、爱、恐惧、惊讶或者愤怒,这些都可能是由你自己的想法和你所处的环境造成的。
- 觉察:你察觉到或意识到你自己、你的想法和感觉,以及你周围的世界的状态。意识是一回事,但人类也能意识到自己的意识。

根据这些本质特征,我们意识到每个人都要对自己的注意力、活动和努力负责。是贡献还是懈怠,这是个人的自由裁量权。你可以选择自发努力,如果你选择付出了努力,就不是简单的遵从,一切都取决于你。当一个人限制给予我们贡献安全感时,会导致我们因为恐惧以及潜在的社会和情感伤害而不再主动,这种情况就被称为红色区域。相反,当一个人给予的贡献安全感能激发我们的主动性时,这种情况就被称为蓝色区域(表3-3)。

表 3-3　蓝色区域和红色区域描述词

蓝色区域	红色区域
合作	竞争
结盟	破裂
接洽	沉寂
信心	恐惧
冒险	规避风险
快速反馈	缓慢且经过处理的反馈
改进与恢复力	筋疲力尽
可控的压力	耗费心神的压力
自我效能	自我糟践
主动性与智谋	习得性无助
创意	顺从

我还在读大学时,有一年夏天我接受了朋友乔·休斯顿(Joe Huston)的邀请,去美国加利福尼亚州圣华金河谷的一个

鲜食葡萄庄园工作。当时的我没有意识到,自己正在进入蓝色区域。在乔的父亲布姆·休斯顿(Boom Huston)的监督下,我们每天顶着阿尔文小镇的烈日工作10个小时。布姆·休斯顿是埃尔兰乔农场的总经理,埃尔兰乔农场是一家业务包括包装和冷藏的大型公司。在这里大学生与外来务工人员一起工作,组成了一个完整的小组,组员之间地位平等。我们工作的内容、时间、工资完全一样,唯一的区别是午餐。他们的浅田肉饼、玉米饼和萨尔萨酱比我从自己棕色包里拿出来的任何东西都好吃。

起初,我以为布姆只是出于职业义务才对所有人一视同仁,但完全不是。他在家里为工人们举办了一场烧烤宴会,并邀请了所有人,同样没有任何形式的偏见。[2]没有优待,只是一视同仁。布姆创造的平等主义精神的结果是,高度投入的员工愿意充分发挥自己的主动性。

> **关键问题** 你是否只尊重高成就者和受过高等教育的人?你是否承认见解和答案可能来自一些最不可能的人?

我从来没有见过人们工作这么努力,笑得这么开心。布姆创造的工作环境肯定了他们与其他劳动者的平等地位,不管他们的社会经济背景如何。这样的环境起到了激励的作用,使工人能学习一份工作所需的技能,而无须担心会被轻视。最后,成果换取自主权。布姆对标准的要求很高,运营干净利落且井井有条,但他不需要进行微观管理。他创造的贡献安全感推动了我们的业绩。在这种情况下,大学生放下了姿态,外来务工人员真切地感觉到他们不再低人一等。所有人的工作关系是平等的。[3]

这时候,你可能会对自己说:"那很好。每个人都很努力,表现也很好,因为布姆让他们自我感觉良好。"如果这就是你的解读,那你就会错过成功公式的另一半。布姆提高了工人在原始产出方面的表现,但他做的不仅仅是这些。他在工业化前的农业背景之下植入了一种后工业思维。布姆出生于美国中西部地区,他的父母初中未毕业就移居到美国加利福尼亚州,在萨利纳斯定居。从小就是一名哈密瓜劳工的布姆在13岁时加入了美国包装厂工人工会,深知公平和正义感重要性的他为他的员工创造了一片蓝色区域。

布姆创建的蓝色区域根除了恐惧,让人们能够给予和接受建设性的反馈,合作时能把想说的话大声说出来,而不是暗暗使劲。[4]他鼓励人们大胆地说出来,澄清事实,甚至谈论错误。[5]你要知道,只要一点点恐惧就可以让整个团队饱受恐惧困扰。

> **关键概念** 充满恐惧的团队会向你伸出援手,向你提供一些智慧,但永远不会对你倾心倾力。

恐惧会使成员变成守本分、唯唯诺诺的人。正如约翰·穆勒(John Stuart Mill)在英国工业革命期间所观察到的那样,过去的强大影响仍然留在人们心中,以至于这种"专制习俗"阻碍了人类获得更大的成就。如果你认为我夸大了事实,那为何盖洛普咨询公司的调查报告持续显示,全球有85%的员工"无法投入工作或者主动地脱离工作",从而导致了全球工作场所生产率的下降趋势?[6]为什么我们要在公司里不断发起反骚扰运动?显然,我们还有很多工作要做。

> **关键问题** 你有没有使用过非言语暗示,它在无意之中排挤他人,形成了红色区域?

在葡萄庄园的工作经历令我确信,如果大多数人在拥有贡献安全感的环境中工作,他们工作的主动性会更高。如果得到机会,他们会交出优异的成绩,以此来换取工作的自主权、指导和支持。

> **关键问题** 你什么时候在蓝色区域工作过?你什么时候在红色区域工作过?你如何描述在两种情况下的工作动力?

每个人都通过一套标准掌握着自身的主动性,而这套标准十分看重他人对待自己的方式。有一次，我带儿子去看医生。这位医生是一位行业内备受尊敬的专家。他走进房间，没有和我们进行眼神交流，也没有打招呼，甚至眼睛没有离开过他的病历夹。"好的，有什么问题吗？"他问。他很快给我儿子做了检查，并开了处方，然后他就不见了。当我们走出办公室时，儿子转过身来对我说："爸爸，他是个糟糕的医生，我再也不想回来了。"事实证明他的诊断和治疗是正确的，他确实是一位有能力的医生。但这不是全部工作，不是吗？我儿子在观察什么？他在观察人类之间的互动。他为什么对这位医生有如此过激的反应？因为，虽然这位医生的技术是一流的，但他的举止除了冷漠还是冷漠。

如果你忍不住想反驳，认为上一个例子的医生可能只是一个内向的人，确实，我们有时会用内向作为借口，那么不妨想想美国的两位总统——乔治·华盛顿（George Washington）和亚伯拉罕·林肯（Abraham Lincoln）。在所有人的眼中，他们都是改变了美国历史的伟大领导人。但是，如果我们仔细观察，我们会发现他们的基本性格和性情相距甚远。华盛顿有一种威严的风度，但却是一位笨拙的演说家。而林肯虽然看上去笨拙，却是一位极好的演说家。华盛顿总是一言不发，看上去庄严肃穆、超凡脱俗，是个保守的人。林肯则是个不拘一格、风度翩翩的人，他会用笑话、幽默和故事来使气氛变得轻松。然而，尽管他们的个性大不相同，但他们培育了贡献安全感。他们都有能力招募最优秀的人才，即使那些怨恨、嫉妒他的人也心甘情愿地帮助他。

让我重申一点：也许你天生不具备某种性格，但不要因此逃避创造贡献安全感的义务。我高中时有一位英语老师韦斯特加德先生，他是一个相当严厉的人。他不怎么说话，但我能感觉到他尊重我。因此，我给大家的建议是避免走极端。如果你的举止像斯波克（《星际旅行》原初系列电视剧的主角之一）一样冷酷，人们不会知道你在乎什么。但如果你热情洋溢，过多的情绪展示也可能会令人厌烦。在任何情况下，我们都必须冷静地管理我们的人际互动，如此才能锻炼情商。在公元前4世纪，亚里士多德教导我们需要这种平衡和适度。"表现出的情绪太多或者太少，两种都不是最佳的；你要在正确的时间，参考正确的对象，面对正确的人，以正确的动机、正确的方式感受它们。"[7]做你自己，做最好的自己。

> **关键问题** 你清楚别人是如何看待你的善意和行为的吗？即使你以为自己知道，也请找 5 个非常了解你的人来回答这个问题。

你是否在情感上做好了创造贡献安全感的准备？

有一次，我聘用了一个人，我把这次聘用叫作魅力聘用——被她口头才华与表面的领导力欺骗。我为此付出了代价。事情是这样的：我要解雇一名销售经理，于是必须寻找一个接班人。来面试的是一位经验丰富、文质彬彬、令人印象深刻的候选人。她是一位"超级巨星"，受过良好的教育，有干劲，有阅历——这一切通常都预示着她一定会取得成功。最重要的是，她有一种不可言喻的魅力，这种魅力十分危险，因为其形大于质。即使是经验丰富的领导者也会被这种魅力蒙蔽，不会再问她关于个人背景、经验和资历等尖锐问题，从而未能做到尽职调查的本分。这一次，我主动地跳入了陷阱。这个人声称她可以在两年内将公司的销售额翻一番。她的话令人信服，以至于我上了当，并让我在接下来的18个月里后悔不已。

在提拔她一个月后，我回到了她和团队一起工作的办公室。办公室的气氛仿佛降到了冰点。员工们默不作声，动作缓慢，脸上挂着假笑。这30天到底发生了什么？我找来了一个人问话，想要搞清楚原因。其中一名员工说："恐怖统治已经开始了。"这时我才知道，虽然这位新的高管才华横溢，但遗憾的是她在情感上并没有准备好为团队创造，贡献安全感。事实上，无论是领导者还是贡献者，你都有责任帮助团队形成贡献安全感。问问自己，你是否在情感上做好了这样做的准备。

> **关键问题** 你能真心为别人的成功高兴吗？

你应该问自己的问题是，为什么人们会听从你的管理？你当然可以随时用法律说话，指出人们成为这个家庭、这个团队、这个维修站或者这个舞台工作人员中的一员是社会契约的一部分。如果你搬出这个理由，你就是退而求其次，强迫他人顺从，并承认你没有能力激励和调动人们的主动性。那人们为什么要承诺呢？你要怎么做才能让人们想主动表现呢？我们几千年来一直在问这个问题，至少有一个答案很清楚：人们需要贡献安全感。

我见过的许多案例中，可怕而残酷的环境从人们身上榨取了大量的劳动。是怎样的劳动呢？没头脑的劳动，充满怨恨的劳动，低生产率的劳动。能维持多久呢？我从来没有见过能长期维持。在这种无法产生高绩效的"有毒"环境中，员工受个人利益的驱使会发表刻薄的评论，做出不道德的行为，辱骂和甚至欺凌他人。

> **关键概念** "有毒"的环境会抑制人们的主动表现，因为人们在担心表现之前会先担心心理安全。

如果我们对风险管理十分谨慎,而且个人有能力并尽其所能,我们就应该给予他尽可能多的自主权。但有时我们不会。那么,我们为什么会拒绝给予个人贡献安全感呢?

> **关键问题** 你是否曾在别人已争取到资格的情况下拒绝给予其贡献安全感?

请记住,贡献安全感是一种争取来的特权。即便一个人愿意贡献他或她的技能、能力和经验,但我们往往会因为一些不正当的原因而拒绝,这些原因包括领导者的傲慢或不安全感,个人或机构的偏见、偏好或歧视,一致的团队规范,缺乏同理心或冷漠,等等。当个人能够做出贡献,并且领导者和团队成员能够管理自我时,贡献安全感自然而然就形成了。

提高你的观察力

要培养蓝色区域所需的高水平贡献安全感,作为领导者,你必须了解团队成员。这意味着首先你要花时间和他们在一起,研究他们的个性,然后专心倾听他们所说的话。事实上,如果领导者倾听的时间足够长,人们通常会透露他们本来会隐瞒的事情。

最后，观察他们的行动，注意他们的贡献方式。他们中的一些人是天生的合作者。这些人喜欢对话，喜欢把解决问题当作一个社交过程。他们喜欢开玩笑，喜欢一针见血、有来有往的应答，但另一些人却无法忍受。相反，另一些人则喜欢把解决问题作为一个内部过程。他们喜欢解构问题，思考解决方案，但不会想着在讨论中争取对话时间。他们可能更善于反思和独处，但他们拥有一流的批判性思维技能。

如果你作为领导者没有培养出更强大的观察力，如果你不观察每个人对社交信号的反应，如果你认为领导力是一场表演，而你是表演者，那么你不加判断的语调很可能会对团队造成致命的打击。下面介绍一个方法，能帮助你快速检查自我。

> **关键概念** 领导者要把大部分时间花在探究和倡导上。

如果不是在试图弄清楚某件事，就是在试图让别人相信自己已经弄清楚了某件事。这基本上概括了领导者所做的事。显然，这两件事可以转化为两种清晰的行为模式。一方面，当你进行探究时，当你处于探索模式试图弄清楚某件事情时，你如何参与对话或讨论？没错，通过提问。另一方面，如果你在倡导，试图让别人接受你的观点，那你要如何做？没错，通过命令。图3-3显示了"提问-命令"连续体。

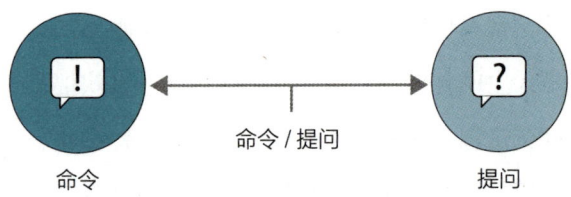

图 3-3 提问与命令——领导者的对立行为

"提问-命令"连续体

你的"提问-命令"比率是多少？花一天左右的时间给自己做个测试，计算出你在提问和命令上各花了多少时间。在我参加过的数不清的会议中，老板告诉每个人该做什么，每个人都礼貌地点头。命令是有效的，但它会迅速让倾听者进入被动模式，并可能减缓学习速度。重点大学的橄榄球文化充斥着这种命令为主的模式。只要看看教练与球员之间的互动就知道了：教练滔滔不绝地讲话，球员们杵在那里，只在每次交流结束时点头。难怪要花这么长时间才能培养出球员们的"球商"。

在4年的时间里，我花了数不清的时间在球队练习、参加团队会议、听教练谈话与看比赛录像上，这是合作吗？这是真的对话吗？这是一种积极的智力投入吗？完全不是。信噪比（信号量与背景噪声量之比）变得如此之低，以至于上场球员干脆选择不听。教练喋喋不休的说话声最终变成了噪声的一部分。于是事情就会这样发展：

"克拉克，注意你的身体角度！你下线太慢了，我不知道为什么你的手放在那边。你得把身子放低一点，这时候就放下男人的样子。要看懂前锋的站位，看看他们手上的体重有多重，它会告诉你这是不是跑动打法。看一下擒抱的第一步。他在做什么？他想把你拉进去。你知道，他们几乎每一场系列赛都会上演这种圈套打法。"教练继续不断地说话。但如果我的教练们在这时候把遥控器递给我说："克拉克，这是下一回合的录像，请带我们过一遍，分析一下可以吗？"你能想象我们的进度多快吗？它将彻底改变球队文化与表现。

> **关键概念** 一位领导者的"提问－命令"比率决定了团队的信噪比。如果领导者一直在命令，那么他的话就成了噪声。

你能看出其中的风险吗？我认识的一些最优秀、最善良的人都困于教练念经一般的说教体系，这就是他们问题的根源。他们领导着有才华的团队，但却无法兑现这些才华，因为他们永远处于倡导模式，他们的声音对听者来说变成了噪声，这降低了信噪比。正如我所说的，一些团队成员会愿意接受这个挑战，加入到争论中来，因为这对他们来说是一件很有趣的事情。但那些安静、沉思、内向但才华横溢的人常常会放弃，因为这不是他们的舒适区。

> **关键问题** 你的"提问－命令"比率是多少？

仔细听，最后说

我曾在硅谷的一家科技公司与一群极具潜力的领导者共事。他们受邀参加一个为期6个月的领导力培育项目，希望加快领导力培养，并为他们进一步承担责任做好准备。与我一起工作的团队成员来自全球各地，几乎所有人都要相互协作。作为团队的灵魂人物，领导者们被分配到的任务是向公司高管团队提出重大战略建议。期待已久的一天终于到来了。团队成员提前一天从各自的办公地点飞过来排练他们的演讲。为了做到这一点，他们周末还要加班，做出了巨大的个人牺牲，现在他们准备好推销自己的点子了。

他们充分利用了规定的30分钟的每一秒，做了一场经过精心研究和细心编排的演讲，并根据议程要求在演讲后进行30分钟的问答。他们显然已经筋疲力尽，但对自己的表现感到满

> 第三阶段
> 贡献安全感

意，于是急切地向高管团队寻求反馈。令所有人感到惊讶的是，首席执行官首先发言了。他的语气非常平淡，脸上看不出一丝表情，实事求是地说道，他认为这个提议是好的，但推行起来会花太多钱。然后他喋喋不休地讲了10分钟公司的战略和优先事项。你能猜到接下来发生了什么吗？没错。什么也没发生。其他高管一声不吭。在首席执行官布道一般的讲话结束后，会议解散了，沮丧的团队转移到了隔壁的会议室，在接下来的一个小时里，我都在会议室里帮助他们平息愤怒和沮丧。

接下来的一周我听取了几位高管的汇报，要求他们告知首席执行官，下次在其他高管提出问题并发表意见后，再由他来做最后一次发言会更好。

> **关键概念** 当你掌握职位相关权力时，请温和地审察你的团队。

不久之后，我听说反馈确实已经传达给了首席执行官。但是故事到这里并没有结束。第二年，我们开展了同样的项目，新团队被分配了同样的任务。他们投入了同样的时间和精力，并在约定的日期到达了演讲地点。在团队进行了同样经过审查和精心制作的演示之后，这位首席执行官也做了同样的事情。他在问答环节的前5分钟就给团队判了死刑。他说话的方式并不粗鲁或刻薄，但凭借其权力地位，他快刀斩乱麻地结束了项

117

目，对团队丝毫不留一点情面。整个过程中，他显得十分愚蠢，完全不顾他人感受，恣意而为。

| 关键问题 | 你的情绪是否已经超出了需要听自己说话的范围？ |

帮助他人超越自己的角色进行思考

为了确保贡献安全感，你能做到的最有影响力的事情之一就是帮助团队成员越过自己的角色进行思考。当然，你已经明白一个人的角色定位往往会导致其思维局限于这个角色。这导致我们格局变小，孤立在自己的视角中，不能再从俯视角度看整体和部分是如何结合的。

我们加入一个组织，通常会去属于某个职能或部门的团队报到。我们要做的第一件事就是学习执行与我们特定角色相关的基本任务。如果我在市场营销部，我可能会学习如何开展广告宣传活动；如果我在市场部，我可能会学习如何调节库存；如果我在采购部，我可能会学习如何考察新的潜在供应商；如果我是学计算机专业的，我可能会学习如何编写代码使得我们的应用程序与移动设备更兼容；如果我是销售人员，我可能会学习如何进行产品演示；以此类推。也就是说，我们中的大多数人都是在任务导向、战术思维的组织中成长、发展的。我们只需扮演好自己的角色，做好我们该做的事情。

但越来越多的情况是，团队既需要我们在自己的角色范围内做出贡献，又希望我们超越自己的角色进行思考，尤其是在高度活跃的工作环境中。这需要什么呢？这需要我们既掌握角色技能又有意志做出更大的贡献。技能方面的体现通常是这样的：有一天，领导拍了拍你的肩膀说："嘿，我需要你从战略上考虑。去吧，要有战略眼光！"你说："听起来不错，那我该怎么做呢？""我不确定，但你去做吧。"领导回答道。

听起来耳熟吗？这种情况在组织中一遍又一遍地重复。所以让我们回过头来看。要想超越自己的角色做出贡献，你既需要技能，也需要意志。准确说是意志和技能，顺序很重要。你有没有发现，如果人们觉得自己没有信心，没有安全感去尝试，那么他们是否会试图超越自己的角色去思考和做出贡献？

> **关键概念**　人们在跳出其战术和职能的圈子进行战略性思考之前，团队必须给予其贡献安全感并激发其主动性。

我曾经和一位男士共事，他是一家财富500强组织的采购副总裁。他在员工面前称王称霸，就好像他是世袭君主，而员工是臣民。在一次会议上，他指责他的员工没有从战略角度更多地考虑公司的整体采购策略以及缩减合格供应商名单的必要性。实际上，他是在不提供支持的情况下，要求员工超越职责去思考和贡献。他手下有一批非常有潜力的人。一年后我回来了，那批人还在他的手下。

要帮助他人超越自己的角色，团队首先要给予机会和直接邀请。我们公司会邀请软件开发团队来帮助思考营销策略，也会邀请销售人员考虑软件开发。我们不是每天都花时间做这些事情，但我们会故意要求每位员工超越自己的职责去思考问题。

> **关键原则** 邀请人们超越自己的角色去思考，表达了团队对个人的加倍尊重，也放宽了其做出贡献的条件。

领导者的具体做法将决定一切。领导者仍然需要团队成员专注于他们的主要角色。我看到一些领导者被不加限制的合作搞得不知所措，结果在混乱中失败。领导者应该仔细思考他想要解决的话题或挑战，并发出具体的邀请来解决这些问题；同时长期欢迎对绩效任何方面提出意见或建议的人，但领导者要明白，自己的意见总是会被听到，但不会总是被注意到。

> **第三阶段**
> **贡献安全感**

最后，为了防止团队陷入混乱，领导者必须清楚建设性的异议在何时会导致方向严重偏离。

> **关键概念** 领导者的工作是明确不同意见和偏离轨道的行为之间的区别，并把握好两者之间的界限。

概念

作为领导者，如果你想培育一个拥有贡献安全感的蓝色区域，就应该创造一个真正的协作环境。如果你的风格强硬，沟通是以说教为主，并且自我脆弱，那么你会扼杀任何即将萌发的贡献安全感的幼苗。记住，你为团队的执行模式定下了基调。如果你并非是一个职位上的领导者，那你只能靠影响力来领导他人，就像我们大多数人一样，那就用同样的方式创造贡献安全感。

你的团队的贡献安全感体现在你邀请每一个人做出贡献，并加入行动。这是你的文化展示，由你的行动决定。它展现的是你给予和接受、交谈和倾听、提问和回答、行动和反应、分析和解决问题的方式。记住，所有人都想要参与其中！

关键概念

- 除了那些可能因为恐惧或焦虑而缺乏勇气的人，人们想要参与组织活动的念头十分强劲且持续不断。
- 为表演所做的准备催生了表演的欲望。
- 组织只参与两个过程——执行和创新。执行是为今天创造和传递价值，而创新是为明天创造和传递价值。
- 攻击型创新是对机遇的回应，而防御型创新是对威胁或危机的回应。
- 当外部的威胁挑战现状时，人们对挑战现状的惧怕被生存本能所取代。
- 当你有能力并愿意对自己负责时，你就准备好接受贡献安全感了。
- 用有指导的自主权换取成果是人类表现的基础。
- 充满恐惧的团队会向你伸出援手，向你提供一些智慧，但永远不会对你倾心倾力。
- "有毒"的环境会抑制人们的主动表现，因为人们在担心表现之前会先担心心理安全。
- 领导者要把大部分时间花在探究和倡导上。
- 一位领导者的"提问–命令"比率决定了团队的信噪比。

如果领导者一直在命令，那么他的话就成了噪声。
- 当你掌握职位相关权力时，请温和地审察你的团队。
- 人们在跳出其战术和职能的圈子进行战略性思考之前，团队必须给予其贡献安全感并激发其主动性。
- 邀请人们超越自己的角色去思考，表达了团体对个人的加倍尊重，也放宽了其做出贡献的条件。
- 领导者的工作是明确不同意见和偏离轨道的行为之间的区别，并把握好两者之间的界限。

关键问题

- 你有没有遇到过消除了你对挑战现状的恐惧的外部威胁？
- 你是否在贡献者缺乏相关技能或不愿意为结果承担责任时，就草率地给予其贡献安全感？
- 在用有指导的自主权换取成果的基础上，你期望交付什么样的成果？
- 你是否只尊重高成就者和受过高等教育的人？你是否承认见解和答案可能来自一些最不可能的人？
- 你有没有使用过非言语暗示，它在无意之中排挤他人，形成了红色区域？

- 你什么时候在蓝色区域工作过？你什么时候在红色区域工作过？你如何描述在两种情况下的工作动力？
- 你清楚别人是如何看待你的善意和行为的吗？即使你以为自己知道，也请找5个非常了解你的人来回答这个问题。
- 你能真心为别人的成功高兴吗？
- 你是否曾在别人已争取到资格的情况下拒绝给予其贡献安全感？
- 你的"提问–命令"比率是多少？
- 你的情绪是否已经超出了需要听自己说话的范围？

第四阶段
挑战安全感

每个社会都有其现状的保护者和冷眼旁观者，他们因无视革命而臭名昭著。今天，我们的生存来自清醒的头脑、灵活的思想，以及保持时刻的警惕和面对变革挑战的能力。

——

马丁·路德·金
（Martin Luther King, Jr.）

团队的神经可塑性

在过去，大脑研究人员认为大脑的回路是固定的。但随后的研究发现，大脑的上千亿个神经元之间建立了上百万亿个连接，它们工作灵活度之高令人难以置信。大脑具有可塑性，可以自我重组。一个团队就是一个巨大的大脑，只不过突触不是在神经元之间，而是建立于人与人之间。同样，这些突触连接的速度或模式并非固定或者天生的。团队拥有惊人的可塑性，所以我们真的无法准确得知一个团队的能力。我们只知道团队成员能带来惊喜，因为一群人的聪明才智是未知的，也是不可知的。最重要的是，团队可塑性反映了领导者的模范行为。如果领导者压制异议，人们就会像鹿一样，对突如其来的动作做出退缩的反应。如果领导者容忍不同意见，团队的创新能力就会增强。总的来说，团队拥有对环境做出反应的感觉器官，它会根据周围环境进行社会、情感和智力处理并适应。

> **关键问题**：你的团队从领导者那里采用了哪些模式？

我曾与一位首席执行官共事，当时他的团队正在努力适应一个快速变化的行业。他说他的团队不够聪明，缺乏好奇心，也不够有创业精神。他的杏仁核（大脑产生情绪反应的核心区域）占领了前额叶皮质，他出于沮丧而采取了行动。团队的主旋律发生了变化。他"推动"创新的努力总是无人回应，这进一步削弱了团队的创新能力。恐惧笼罩之下，团队成员失去好奇心，大家变得愈发迟钝、固执，行动迟缓。

> **关键概念** 挑战安全感让创新属于每一个人。

在连续几年业绩不佳后，这位"封建地主"被解职了。幸运的是，我有幸与他的继任者共事。高管团队的结构没有改变，但环境发生了改变。这位新领导人引入了一项新的社交技术——正是挑战安全感（图4-1）。在他鼓励之下，团队中尊重与许可的水平竟然提高了。他降低了进入的文化门槛。起初，这个团队有点缩手缩脚，但后来出现了一波前所未有的生产力浪潮。所以你看，人们生来就是为了回报善意和同情。[1]他们的回应是一次又一次的改进，一次又一次的创新。新任首席执行官重塑了团队的神经系统。在这个过程中，信息传播速度加快了，共同创作的过程变得活跃起来，适应能力也得以显现。他把团队带到了他们未曾想过的智力高度。作为一个整体，他们变得更有艺术性和运动性，更加地严于律己，最终也变得更加自信和了解自己。

| 关键概念 | 在创新方面，连接可以提高工作效率。 |

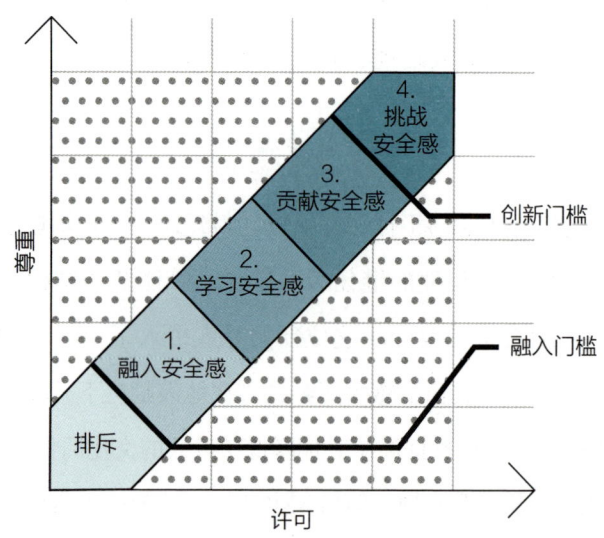

图 4-1　融入与创新通道的第四阶段

投入的变化带来了产出的变化。随之而来的是更多洞见，人们更愿意联系、联想，想法层出不穷，还有意想不到的飞跃和顿悟时刻。这是挑战安全感的承诺。如果你鼓励对话，即便在对话过程中出现异议，也能克制情感冲动，你就可以做到上面这位领导者所做的。因为人们在文化背景下是富有创造力的，所以领导者的工作就是在此基础上释放成员的创意主动性。[2]

第四阶段
挑战安全感

当然，也有不好的一面：虽然大脑是可塑的，但它默认是僵化的。团队也是如此，这意味着过去挥之不去。早期的社交模式和最初的规范往往是最顽固和难以取代的。

> **关键概念** 从一开始就用挑战安全感让团队社会化，总是比事后重新让团队社会化要容易得多。

组织变革的过程经历了3个不同层面——技术层面、行为层面和文化层面。我们通常会从同时改变三个层面入手，但每一层面改变的速度都不同。首先是技术层面或者非人类层面，也就是我们所说的人为物件。它们包括系统、流程、结构、角色、责任、政策、程序以及工具和技术。这些东西代表可配置的部分，可以通过金钱和权力相对快速地进行更改。其次是行为层面，我们改变人们与技术层面以及彼此之间交互时的行为方式。但是，仅仅改变人们的行为方式并不意味着他们想要这样做，或者说如果让他们选择的话，他们不一定会继续保持新的行为模式。当人为物件给行为提供支持时，它们充当脚手架的作用，一旦脚手架移除，行为就会恢复到过去的模式——除非文化层面有变化。这种快速反弹的性质就是我们所说的均值回归。发生变化的第三层面是无形的，它由价值观、信仰和假设组成。

> **关键问题**　你是否曾尝试改变行为但没有完成，然后快速回弹到最初的行为？

在所有的社会单位中，文化层面是最难改变的，也是最后改变的那一层。它能提醒你组织行为是否滞后。你可以强行改变，让人们遵守。例如，如果老师在一旁监督，学生一定会认真读书、写字；但如果老师离开，学生的遵从度就会立刻下降。为什么？因为学生缺乏内在的动力，又回到了固有的状态。

团队行为也是如此。挑战安全感的症结在于，领导者不仅要求成员们改变他们的行为，而且要求他们在一个充满个人风险的环境中做出改变。

勇敢者的舞台

心理安全感的终极阶段就是同时实现了最高水平的尊重与允许——一个致力于探索和实验的超级区域。要从贡献安全感提升到挑战安全感，需要跨过"创新门槛"。跨过这个门槛意味着最高水平的心理安全感取代了原有的恐惧。但创造挑战安全感远比理解它要困难得多。这是每个领导者的终极文化追求。

挑战安全感是一种相当高的心理安全水平,它使人们感觉自己有能力挑战现状,能离开自己的舒适区,提出一个创造性或颠覆性的想法。但本质上这威胁到了旧有的做事规矩,因此对个人来说也是一种风险。邀请人们挑战现状既是自然的,也是不自然的。自然是因为人类天生就有创造力。生物学家爱德华·O. 威尔逊(Edward O. Wilson)说,创造力是"我们这个物种独一无二的、最重要的特征"[3]。创造本能地驱使我们出于创造和改进事物的愿望而挑战现状,但是,如果我们认为环境不安全,那么进行挑战是不自然的。如果我们对环境的信任度很高,我们将继续挑战。如果信任度低,我们就会触发自我反省的本能,然后退出挑战。环境要么激发人们主动创新,要么就给其判死刑,让人不敢发起挑战。向领导者说真话已经够吓人的了,而向权力发表意见更可怕,因为个人面临更大的被拒绝或尴尬的风险。

我最近采访了一家美国大型医疗保健系统的一位副总裁。他说,该组织比军方更具军国主义色彩。早些时候,他对某个人事问题提出了质疑,但差点没机会讲述这件事。"我以为我有头脑,但我想我没有,"他说,"在这个组织里,你只需要完全按照命令行事,不需要做任何评论。"我采访了另一位在南美一家大型媒体公司工作的女性。"公司不允许我们提出创意，"她说，"如果你不在高层，你就不能质疑任何事。因为如果你这么做了，你就出局了。"

显然，并不是所有的领导者都认为心理安全感对于创新是必要的。在一些领导者看来，心理安全感无非是要求人们友善，领导者以为想要人们贡献就需要先顺着他们。澳大利亚学者本·法尔沃顿（Ben Farr-Wharton）和艾斯·辛普森（Ace Simpson）巧妙地阐述了这一点。"从系统管理的角度来看，同情心的概念似乎是多余的。这是因为，注意到同事的痛苦并对此表示同情和理解，然后做出回应（组织同情心的定义），这可能会被认为是一个放纵和耗时的过程，不利于完成眼前的工作任务。"[4]

有些人认为，心理安全感只不过是不愿追究他人责任的领导者利用同情和多愁善感在胡说八道——这些人只是不愿意接受事实，他们不愿意承认创新是无法胁迫或者操控的。创新这一过程充满了人际关系与政治风险。除非你降低进入门槛或者消除人际交往中的违规行为，否则人们根本不会全力以赴。

很明显，这个心理安全感的最后阶段管理着所有情况中最敏感、最紧张、最有压力、最政治化和最高风险的一个情况。由于个体的恐惧程度和潜在风险最高，所需的心理安全水平也必然是最高的。融入安全感要求得到接纳，学习者安全要求得到鼓励，贡献安全感要求得到自主权，但挑战安全感要求的社会交换又到了另一个层次：团队要求你挑战现状。这是一个很苛刻的要求！因此，唯一合理的条件就是组织在整个过程中保护你。如果组织想要你坦诚，你就需要被保护——你需要真正和不断地被保护，如此才能鼓起足够的勇气承担几乎总是巨大的个人风险。

如果你还没有领会到这一点，让我来为你分析一下一个组织中创新的情感图景。把你的才华用在追求创意上，或者自己对某事保持好奇心，这是一回事。而当整个制度和文化保持现状，你针对组织的现状提出质疑则完全是另一回事。如果组织中不存在挑战安全感，那么成员的好奇心和创造力就会付出高昂的代价。除了时常会带来不确定性，导致模棱两可和混乱的局面之外，创新往往是一个充满羞愧、痛苦和尴尬的竞技场。创新是很难的，因为失败不可避免。没人能为此做担保。但领导者所能做的是消除这一过程中的社交刺痛和情感伤害。退一步讲，缺乏挑战安全感会阻碍组织中信息的流动，而合作正依赖于此。

对于那些试图为多元神经发展人才创造一个蓬勃发展的环境的组织来说，包括那些在学习、注意力、情绪和社交能力方面表现出差异（包括自闭症、阅读障碍、注意力缺陷、多动症、抑郁症和其他非典型神经疾病）的员工，挑战安全感成为保证基本工作效率的前提条件。我个人的经验是，多元神经发展的员工对任何能引发恐惧的迹象更敏感，反应更快，需要更多的时间才能从日常防御状态中恢复过来。然而，我们都需要挑战安全感，它让我们有足够的勇气挑战现状。

> **关键问题** 你上一次勇敢地挑战现状是什么时候？

当我向领导者讲述挑战安全感的概念和以坦诚换取保护的社交方式时，他们经常点点头说："我明白了。"这时，我会回过头来看着他们说："不，你不明白。你甚至还没有开始意识到你要求团队成员去做的事情的重要性。"现在，我建议你放下这本书，去找一面镜子。仔细看好了。如果你想让你的员工创新，你需要对你提出的要求做一些深刻的自我反省。创新的过程并非一路顺风，完全没有阻力。相反地，创新是对当前制度的推翻，是故意让自己脱离原有的轨道。这是在牺牲确定性换取不确定。大多数时候，这是在要求失败。以上只是组织方面要考虑的问题。现在考虑一下个人方面。

当你要求你的员工挑战现状和进行创新时，你对他们的要求是什么？是的，探索会给人带来冒险的愉悦，但实际情况是，你要求他们同意将自己暴露在批评之下，顶着失败的风险去冒险一试，你让他们变得脆弱，变得不适应，变得痛苦不堪。而你还要求他们在缺乏对结果的实际控制之下去做这些事。

现在你明白了吗？如果你这样要求员工，你的员工也会对你提出合理的要求。他们知道你不能保证零损失，知道你无法消除所有风险，也知道你无法消除痛苦。每个人都知道这一点，所以你至少要满足一个要求，就是在他们自由探索的过程中在社交和情感方面保护他们。请愿书中写道："至少保护我免受尴尬和拒绝。"这是一个合理的要求。别忘了，并不是每个人都会走出自己的舒适区而渴望去创造。

这就引出了谁先谁后的问题。有一次，在一所大学培训一群员工时，我坐在其中一张桌子旁参加了一场讨论。其中一位参与者说："我明白'坦诚换取保护'的概念。请你告诉主管们保护必须放在第一位好吗？他们真的指望我在没有得到保证的情况下坦诚相待吗？我可能很笨，但我不傻。"事实确是如此。

坦诚换取保护意味着你作为领导者要保护每个人坦率地谈论任何话题的权利，前提是他们没有对别人进行人身攻击或心怀恶意。当人们感觉到这一权利受到保护时，他们往往会行使这一权利（表4-1）。

表 4-1　第四阶段　挑战安全感

阶段	尊重的定义	许可的定义	社会交换
挑战安全感	尊重个人的创新能力	允许个人真诚地质疑现状	用保护换取坦诚

> **关键概念**　挑战安全感的社会交换就是用保护换取坦诚。

在心理安全的第四阶段,尊重的定义是"尊重个人的创新能力"。就像尊重学习安全感和贡献安全感的定义一样,在这个层面上的尊重是一种后天的权利,而不是与生俱来的。因此,你可以凭借过往的表现获得创新的权利。这意味着你成为专家之前都没有发言权吗?并不是如此,每个人都应该有发言权,但你自然会发现,如果这个声音背后有可信度,人们就会认真对待你。

除了尊重之外,随着我们向挑战安全感过渡,许可的定义也发生了变化。在心理安全的第四阶段,我们都允许个人发自内心地挑战现状。这意味着我们假设个人行动的目的是纯粹地想要改善现状。除此之外,创新没有其他的条件或者限制。有时,人们想通过初步改变来挑战现状,而有时又会大刀阔斧,提议彻底改变我们的做事方式。有时他们带着完全成熟的想法和计划,有时除了毫无根据的预感或者直觉什么都没有。在挑战安全感的氛围下，我们来者不拒。在考虑来源时，我们可能会有侧重地对待某些挑战，但我们尊重每个人的贡献，不分等级。我们保证批评是安全的。每个人都应该进行颠覆性思考。

> **关键问题** 你是否认为你在组织中拥有创新的许可？

如果你在没有挑战安全感的情况下挑战过现状，你无疑会记得那段痛苦的经历，此后你会非常小心地避免重蹈覆辙。在那种情况下，你的勇敢尝试遭到了报复。你以为会受到保护，但你错了，你遭到了赤裸裸的拒绝。这些经历属于神经生物学上的特殊经历，它们会给你造成压力，形成创伤，留下深刻的记忆，导致我们下一次宁可失之过于谨慎也不愿冒险。

有一次，我在培训一家大型执法机构的员工。一开始我便感觉到这个机构的文化是"有毒"的且极具报复心。果不其然，进行第一次讨论的时候，我就清楚地发现，这个组织的成员已经到了连基本对话都无法进行的地步。通过不断地对批评声施加恐惧，领导者成功地营造了在疲倦中冷嘲热讽的氛围。这个组织的文化是在沉默中夹杂着讽刺、偶尔的风凉话和尖酸刻薄的幽默，没有人敢真诚地挑战现状。这几乎等同于口头辱骂与精神虐待，而这也将很快到来。

如果你鼓励你的员工挑战现状，但没有做好准备，没有培养必要的挑战安全感，那么你还能期待什么？当你的员工知道自己的勇敢将面临惩罚时，他们还会奋勇杀敌吗？当你的员工的意见被压制，他们还会主动提出意见吗？[5]只有傻瓜才会在不安全的时候贸然行动。如果没有受到保护，尝试挑战于他们是不明智的，而对于你来说，不给保障就要求他人未免过于天真。即使你将挑战现状定义为合理地表达不满，它仍然是颠覆性的，依然充满个人风险。没有保护，就没有坦诚。为了避免尴尬，人们会想出自保的方法。[6]如果他们犯了错，他们会强烈地想要掩盖错误。

> **关键问题** 你上一次试图掩盖错误是什么时候？是什么原因驱使你这么做的？

让我来结合自己的职业经历说明一下。3年来，我有一位常驻日本东京的日本老板，名叫大津忠雄（Tadao Otsuki）。当我接到任务要向他汇报时，我做好了心理准备，因为我之前读到过关于日本商业文化层级僵化的报道。我读了一本关于日本社会的书，书中提出了这样的警告："表达与领导意见相矛盾的观点被认为是行为不端的表现。"[7]我说："我有麻烦了。"因为我不发表意见就不知道如何做我的工作，而且有时这些意见必然是与领导者相左的。但没想到的是，结局皆大欢喜。事实证明，大津是一个愿意合作、值得信赖的人，他让我变得勇敢。作为一名头衔、职位和权威不可知论者，他坚持一种任人唯贤的思想，实现了权力扁平化，消除了寻求帮助或者反馈过程中的焦虑，让员工在这一过程中不再感到脆弱。[8]在他职业生涯的最后阶段，他曾在几家跨国公司工作，他认识到，多元化、跨部门的团队只有在挑战安全感的帮助下才能创新。他明白，创新需要探索未知的事物，而且总是牵涉到紧张和压力。他要求我勇敢，但首先为我的勇敢提供组织的通融，这当然意味着我经常会提出糟糕的想法，或者走上死胡同。但也有一些时候，我会提出突破性的创新。

> **关键问题** 当有人挑战现状时，你会努力保持头衔、职位或权威的不可知论吗？

作为给挑战安全感奠定基础的最后一步，大津忠雄尽其所能地与员工们分享所有信息，并且一直坚持分享。

> **关键概念** 领导者利用透明机制消除的未知因素越多，导致员工担心的压力源就越少。

我接受了创新的邀请。我慢慢地开始冒险，仔细地观察我的老板，看他是否有任何情绪上的防御迹象。最终，我不再害怕失败或评判，因为正如亚伯拉罕·马斯洛（Abraham Maslow）所说："足够安全到可以挑战。"[9]挑战不再会对我的职业生涯构成威胁，因为我知道团队文化容忍甚至期待挑战。领导者为我们创造了组织实验室，而这个实验室的条件不同于纯粹以执行为目的。想一想，我们必须在哪些内在约束条件下进行创新。通常，我们拥有的数据较少，不确定和未知性较大，失败就更多。所以我们需要更多的探究，更多对不合理想法的容忍，以及应对失败的更强的能力。[10]

显然，创新通常来自压力，特别是当你感受到竞争的压力时，当你试图找出一个解决方案却又被各种限制所束缚时。创新毫无轻松可言。

> **关键概念**：在创新过程中，压力和恐惧之间没有必然的联系。

我们感受到的压力不会自动转化为恐惧。在大津手下工作时，我曾好几次背负巨大的压力，但同时又不亦乐乎。这种压力来自我们的竞争环境，但它并没有进一步转化为恐惧，而是以近乎反常的方法激励我们。通过创造挑战安全感，大津帮助我们将压力转化为正能量。我曾被派去负责一个遭遇资金危机的团队。由于市场情况突变，我们的业绩正在直线下滑。在危机时刻，老板没有加剧人际关系的紧张，而是提高了与我接触的频率，但他们总是在与我会面时保持平静与专业。即使当其他人情绪激动时，大津也能起到迅速平息的作用。最终，我们渡过了难关，也成了一个更加强大，反应更加敏捷，参与度更高的组织。

> **关键概念**：如果领导者欢迎不同意见，并且不在原有的压力上人为地制造恐惧，那么在危机中释放创造力是可以做到的。

创新的社会根源

创新意味着展望模糊不清的未来，试图通过发散的、横向的、联想的或非线性思维将通常不相连的事物联系起来，从而使事情变得更好。总体来说，你有3个选择。你可以连接：

- 现有知识与现有知识。
- 现有知识与新知识。
- 新知识与新知识。

还记得几年前奈飞将百视达赶出市场的情景吗？他们是怎么做到的？将普通邮件与光盘结合起来！这两个普通的东西的结合成了一项不可思议、极具颠覆性创新的新物品。大多数时候，创新就遵循此模式。我们利用已有的工具、技术和想法，在我们所知的基础上进行创新。[11]不然你以为巧克力和花生酱是怎么结合在一起的。尽管创新建立在知识资产的基础上,但真正汇集知识并以新的方式创造价值的,是学习过程。

> **关键概念** 在创新的过程中,学习比知识更重要。

学习是将知识资产组合起来的过程,但这些资产总是在不断过时。从长远来看,持久的、适应性强的学习过程比易消亡的知识资产本身更有价值。

如果我们进一步分析创新,就其发展和进行的过程来看,可以看到它有两种基本类型。类型一是逐步型和衍生型,而类型二是激进型和颠覆型(表4-2)。

表 4-2 创新的两种类型

类型一	类型二
逐步型	激进型
衍生型	颠覆型

> **关键问题** 你还记得贵公司最近的逐步型创新和衍生型创新的例子吗?

正如你所料,类型一要常见得多,因为我们会很自然地从所知的事物开始,并把它和其他所知的事物联系起来。如果这样行不通，我们就会尝试新的组合（图4-2）。一次组合不行就再重组，这样的重新组合就是创新的本质。因此史蒂夫·乔布斯说：":创造力就是把事物联系起来。"我想对这一说法进行补充。

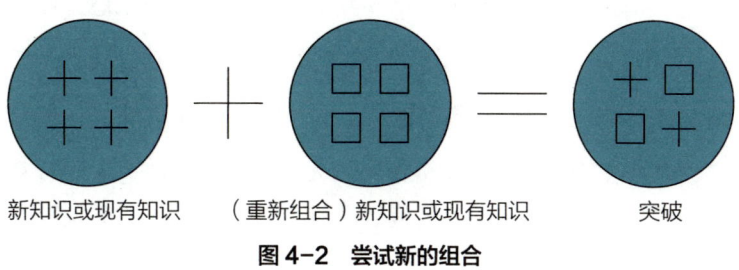

新知识或现有知识　　（重新组合）新知识或现有知识　　突破

图 4-2　尝试新的组合

> 关键概念　创新是将人与物连接起来的过程。

我们都知道，单纯地把一群演奏大师聚在一起并不能自动产生美妙的音乐，除非他们学会一起演奏。他们必须先建立联系，正是这种联系产生了魔力。

创新的过程

讲到创新的过程，当然，孤独的天才会有灵感迸发的瞬间与灵光乍现的时刻，但这些并不常见。创新更多地来自社会互动。在脸书（Facebook）的问答环节上，马克·扎克伯格（Mark Zuckerberg）说："好点子通常不会突然出现在你的脑海中。正是因为与他人长时间的交流、沟通，才使你能想到这些。"[12]海滩男孩（Beach Boys）组合的音乐天才布莱恩·威尔逊（Brian Wilson）也肯定了这一事实："我们成功的关键是尊重彼此的想法和意见。"[13]是的，创新需要有才华的人，但其绝妙之处在于人们在看似混乱和自发的过程中，将想法融合在一起。不管是编程还是音乐创作，创新通常都有其社会根源。

提问真的受欢迎吗？

我想要邀请你做一天的文化人类学家，看看你的团队是如何创新的。如果你仔细观察，你会注意到创新最终产生于探究的过程。该过程包括5个步骤，如图4-3所示。

可以看到，第一步是提出问题。问题起到了催化剂的作用，启动了这一过程。没有问题，什么都不会发生。然而，我们必须承认其中的风险。

> **关键概念** 提问会给个人带来风险。

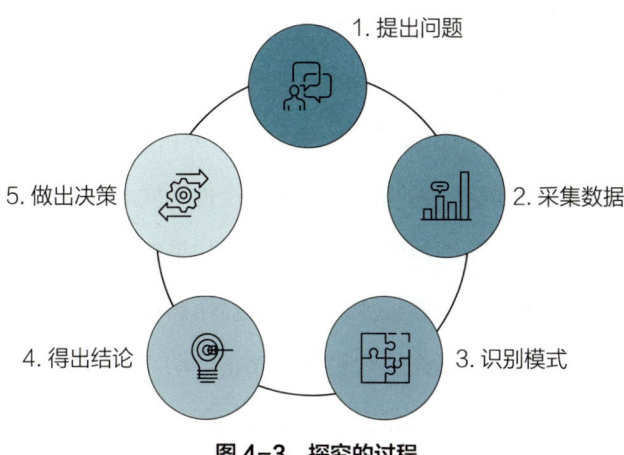

图 4-3 探究的过程

如果是明确指向创新的问题，那么多数情况下意味着更高的个人风险，因为这些问题挑战了现状，是对当下规矩的破坏。从职业的角度来看，这是一个高风险、高回报的区域。问问你自己：我的团队真的欢迎提问——不是温和、简单、不具威胁性的，而是勇敢和颠覆性的问题吗？

> **关键问题** 你的团队欢迎提问吗？

你是否培养了乐于接受棘手问题和令人不快问题的探究文化？团队成员是真心欢迎吗？如果你想要一大堆想法，你首先需要一大堆问题。如果你想要一大堆问题，你就需要在给予成员尊重和许可的基础上培养最高的心理安全水平。

我们可以看到，整个创新过程取决于组织是否愿意用问题来开启探究过程。所有组织都在交流信息和想法，但并不是所有组织都能创新。不同之处在哪里呢？分析自然会引起摩擦。人们看待事物的方式不同，得出的结论也不同。因此难点就在于你如何润滑协作的齿轮以减少摩擦。如果能做到，你的团队就会创造新的价值；但是如果把沙子当作润滑剂，导致摩擦不减反增，你的团队协作的齿轮就会停止转动。

我的日本老板是培养探究文化的大师。从他为公司设定的基调我得知两件事：第一，没有愚蠢的问题。我想他和我们很多人一样，从经验中学到聪明和无知之间的界限可能很模糊。第二，没有禁忌的问题，没有我们不能谈论的话题。这些都是他建立的基本规则，通过他的模范行为和保持在各50%左右的说话与倾听比重，这些规则又进一步强化。如果没有他的榜样作用和他为我们提供的保护，我不会愿意开启探究，进行创新。归根结底，提出问题是开启创新的阀门。不鼓励提问并惩罚提问者的人，就会关掉创新的阀门。

> **关键概念** 如果你剥夺了所在团队的挑战安全感，你就是在不知不觉中让团队回归现状。

这样的做法无法让团队免受群体思维的影响，反而强化了这种影响。这意味着你在训练你的员工不去思考、不去挑战，团队很快就会变得不去思考、不去挑战，你的员工很快也就学会了如何"把自己锁在志同道合的朋友圈子里"。[14]

你的团队是否能创新，创新的速度又如何，决定权在你手里。你掌控着团队探索和信息流通的速度，你可以加快问题的解决，你可以营造纪律严明和灵活敏捷的氛围，你创建了允许团队自我管理的模式和主流规范。

我曾与一位首席执行官共事，他在任何场合都容易让人感到窒息，而且总是强占会议室。但他下不了台。心事重重的人力资源副总裁找到了我，请求我与这位首席执行官和他的团队参加一次高管会议，让我观察一下这位首席执行官在会议上的动态。在会上，这位首席执行官表面上并不粗鲁无礼，但他每一次的贬损都不露声色。他主持会议并推动议程。他会向员工们问是或者不是的问题，如果他的直接下属在简单的是或否之外给出了额外的解释，他会明显地变得焦躁不安。会议进行到一半，这个团队开始讨论一个话题，并进行了一些富有成效的对话。两三分钟后，这位首席执行官居然打开笔记本电脑，开始发电子邮件——在会议进行到一半的时候！我难以置信地看着人力资源副总裁，她给了我一副心照不宣的表情。这就是他谴责和审查团队的方式。最终，这位首席执行官丢掉了工作。他的失败可以说是自掘坟墓，因为他的团队像垂直的、独立的知识块一样运作，从来没有结合在一起。

要记住，创新是跨学科的。你的成功取决于互动，而不是独立的行动。如果你的团队不能凝聚在一起高效地完成这5个探究步骤，那么无论你有多大的才华也永远不会实现目标。一个团队的所有个体只有结合在一起才能取胜。这一过程可能听上去平淡无奇，但当创新发生时，你看到的是人们在互动：交谈、讨论和辩论。只有通过思想的相互作用和结合，建设性的异议、创造性的摩擦以及组合和重组的过程，创新才会发生。

我在日内瓦钢铁公司担任工厂经理时，得到了一个终生难忘的教训，那就是每个系统都有其约束性。约束不仅限制而且还决定整个系统的产出。约束是瓶颈，是木桶最短的一节，系统的其他部分都无法弥补。以 4×400 米接力赛为例。4名队员每人绕着跑道跑一圈，如果你是跑得最慢的成员，你的速度将决定团队的整体表现。团队成员之间相互依赖。如果团队的其他3名成员都在58秒内跑完各自的赛段，而你花了75秒，团队仍需将你的时间计入总时间。不管他们跑得多快，你都将成为累赘。

创新也是如此。作为领导者，你的工作是减少团队内的社会摩擦，同时增加智力摩擦。这是突破创新瓶颈的主要途径。如果你能做到这一点，人们会在创新过程中投入更多，因为他们会对自己通过理性和情感的融合而创造的东西产生依赖。我看到一个又一个的团队拥有得天独厚的创新资源,唯独缺乏一样东西——心理安全感,这就是系统的约束。

> **关键问题** 你有哪些措施能减少团队的社会摩擦,同时增加智力摩擦?

为了执行而协作,其目的通常是维持现状。但为创新而协作完全是另一回事。执行是为今天创造价值,创新是为明天创造价值。这是一项起义任务,是母舰内的臭鼬工厂(臭鼬工厂有着高度自治的管理模式,能避免组织内部的想法创意等由于官僚主义而被限制)。领导者扮演着破坏者的角色。这就是创新这个伟大的大脑项目的全部意义。创新的过程既不是干净利落的,也不是线性的,它复杂而混乱,并且不断重复。尖锐的问题与创造性混乱的结合形成了创新,其结果只有一种可能,那就是你会创造出更好的东西。

> **关键概念** 创新的模式是尝试多,胜利少。

找出不同之处,降低被嘲笑的风险

让我们更深入地挖掘一下消除组织瓶颈以释放其创新潜力

的过程吧！你怎样才能激活这种创新呢？首先，你要找出不同之处。其次，要降低被嘲笑的风险。

请记住，创新就是人与物相联系的过程。当我们说将事物联系起来时，我们通常指的是互不相干的事物。例如，戴森吸尘器的发明者詹姆斯·戴森（James Dyson）说，有一天他去一个伐木场发现屋顶上方巨大的气旋把灰尘都吸走了，他立刻将气旋与他的无袋吸尘器的想法联系在了一起。如果创新来自联系不同的事物，领导者的首要工作就是激发差异。这些不同之处将成为创新的原材料。[15]

你不是在寻找合规或共识。事实上，你在寻找相反的东西。你想要创造和激发差异，你希望你的员工建立新奇、不明显的联系。如何做到这一点呢？首先，在结构上制造差异。这意味着你要组建一个多元化的团队。结构的多样性会导致思维的多样性。因为多样性会产生不同意见，所以多元化的团队不太容易受到群体思维的影响。[16]然后，通过鼓励发散性思维来激发差异。彼得·德鲁克（Peter Drucker）说："分歧是激发想象力的必要条件。"[17]同样，分析自然也会产生摩擦，因为人们看待事物的方式不同，得出的结论也不同。

| 关键问题 | 你如何保护你的团队免受团队思维的危害？ |

你发现那微妙的平衡点了吗？你要试图减少团队的社会摩擦，而非智力摩擦。如果社会摩擦太多，沙子就会成为润滑剂，创新的齿轮就会停止运转。如果智力摩擦太少，就会形成同质化的思维，使自己与外界隔绝，无法适应不断变化的环境。你需要培育差异性，创造冲突，带来自然的紧张和压力，而不是恐惧。

我的第二个建议与第一个有关。当分歧出现时，作为领导者，你应该尽你所能降低员工被嘲笑的风险。要做到这一点，你首先要消除自身的所有嘲笑行为，建立反对所有形式的嘲笑的规范，并建立同事监督责任制来维持这种规范。对于创新来说，员工的挑战安全感是促进因素，而恐惧和嘲笑是抑制因素。人们天生好奇，所以我们的目标是帮助他们保持好奇心。任何形式的嘲笑都会扼杀创新。

> **关键问题** 你觉得在你的团队中有被嘲笑的风险吗？

我记得在与我的团队的一次会议上，我们的首席财务官公开嘲笑首席营销官的一些营销想法和预算分配方式。我没有当场调停并制止首席财务官，而是听之任之。我当着整个团队的面放任了这一行为，我忍受了这种嘲笑。那天我的不作为释放出一个懦弱的信号，接下来整整一个月我都在试图消除这一负面信号。因为我没有做到言行一致，越来越多的嘲笑在团队中出现了，而创新的大门也就此关闭。我的胆小危及了团队的挑战安全感。

一个由以色列和欧洲社会心理学家组成的团队最近证实了心理安全感和创造力之间的联系。只要知道你的弱点不会被利用，你就会变得勇敢，并为创造做出贡献。[18]

正如心理学家米哈里·契克森米哈（Mihaly Csikszentmihalyi）所说："我们每个人生来就有两套相互矛盾的指令：一套是保守指令，由自我保护、自我扩张和节约能源的本能组成；另一套是扩张指令，由探索、享受新奇和冒险的本能组成——促成创造力的好奇心就属于这一套。"[19]

> **关键概念** 没有什么能比在适当的时候进行一点点的嘲笑更快地终止好奇心与探索的事情了。

我认识一些领导者，他们觉得为了达到某种效果进行嘲笑是可以接受的。或许他们的理由是，他们不嘲笑的时间可以弥补少数几次的嘲笑。但我们不能这么计算。即使你对于成员提出的10个点子嘲笑一次，他们也只会记住那一次嘲笑。

> **关键概念** 挑战安全感的困难在于，它需要时间来营造，却能毁灭于顷刻间。

你准备好犯错了吗

请记住挑战安全感的社会交换：用保护换取坦诚。如果你的组织依赖于创新，那么当别人冒险挑战现状时，你会认真地为他们提供所需的保护。你会更积极地表现出对人和想法的基本接受能力，让其他人能清楚地感觉到这种认知与情感上的开放。最重要的是，你会培养出接受犯错的能力。这种开放性激活了创新并推动了创新过程。是的，如果你是一名球员兼教练，你可以亲自上阵挑战现状，但你的主要任务是支持和保护球队，而不是扼杀来自四面八方的想法。

在这个过程中，一些领导者无法摆脱自己原有的思维方式。他们把好主意网罗起来，结果要么舍弃它们，要么就将其占为己有。如果你对地位的需求永无止境，如果你渴望信誉并享受权利的红利，如果你需要一切正确无误，那么建立挑战安全感很可能是对你领导力的最大挑战。正如美国联合航空公司首席执行官奥斯卡·穆尼奥斯（Oscar Munoz）所说："最悲哀的事莫过于人们没有弄清楚情商也是很重要的方面，你必须让自己成为人们愿意接近并提供建议的那种人。"[20]

我曾经有一位不太善于接受错误的老板。他是一位不体面的领导者，对自己的权威深信不疑。他有一种"那些认为自己什么都知道的人对我们这些知道一切的人非常无礼"的态度。他自以为是，爱训导人且十分迂腐。和他在一起工作不仅令人厌烦，而且危机四伏。他的自高自大使得员工的挑战安全感不复存在。果不其然，员工们很快就适应了他的风格。随后他的团队做出的其中一个调整就是将真正的会议隐藏起来。在正式会议上，他们怀着不安对老板崇敬有加，但私下里，团队又通过讨论和非法庭的形式举行真正的会议。

> **关键概念** 当领导者亲自将对创新的探索换成追求卓越的竞争时，团队就无法实现共同创新过程所需的社会凝聚力。

我的老板通过控制说话时间来宣示自己的权威——这是一种过时的统治模式在当下的体现，它甚至在某种程度上决定了他的命运。他被解雇了。最具讽刺意味的是，尽管这位老板非常聪明，但他觉得自己很脆弱，这是导致他如此行事的原因。他不想让自己面临威胁或尴尬的境地，但他在试图给自己挑战安全感的同时，却把挑战安全感从我们手中夺走了。这正是许多聪明人的习惯行为。[21]

你必须谦虚和包容，你必须倾听他人的意见，如果不这样做，你周围的人最终会无话可说。世界著名大提琴演奏家马友友在接受采访时曾被问道："你认为卓有成效的合作的关键是什么，特别是在跨文化或跨学科的合作中？"他的回答是："自我管理。"在小型组织和较低级别的大型组织中，傲慢的领导模式不太常见，但当你攀升到最高管理层时，这种模式出现的概率会更高。领导力学者曼弗雷德·凯茨·德·弗里斯（Manfred Kets De Vries）断言："高层最常见的问题是病态自恋。自恋并非简单的有或无的问题。我们每个人在一定程度上都有自恋的特征。"

当下，组织的外部环境日新月异，变化迅猛，这对于领导者而言是好消息，它有利于探索、监控外部环境并扩大整个组织的视野。我们不会再视领导者为拥有答案的人，而是更加倾向于认为他们是能挖掘组织的创造潜能并由此得出答案的人。

如果你有权力和地位，你应该怎么做？首先，你要知道这一切都很困难。风险和恐惧与正式的权威密切相关。人们会想要奉承你，而不是烦扰、打扰或惹恼你。他们给予你的信息都是经过处理的。你要做的是将组织文化扁平化，即使它在结构上并不扁平化。你要让组织平等化，不让地位成为你真正的约束。

这里有3个实用的建议。第一，让团队中的每个人轮流主持定期会议。太多的领导者垄断了这一步。给每个人一个机会，这有利于拉近团队的距离，同时能帮助个人建立信心。第二，每周进行一次简短的培训，并再次让每个人轮流负责领导力培训。你要确保团队中经验较少、地位较低的人有机会给更有经验、地位更高的人做培训。这样的做法能释放出明确的信息,加快团队发展。第三,当你与团队成员进行一对一交谈时,你要主动去找他们,而不是让他们来找你。克雷格·史密斯(Craig Smith)老师会走到一位学生的桌前,跪在他们旁边,帮助他们解决微积分问题。别小看这一姿势,它有力地证明了领导力的服务性质,缩小了地位差距。奥地利经济学家弗里德里希·奥古斯特·冯·哈耶克(Friedrich August Von Hayek)认为:"只要消除了阻碍人类自由发挥创造力的障碍,人类不断扩大的欲望就能迅速得到满足。"[22]

最后,要小心成功的诅咒。不幸的是,在培养挑战安全感上,成功可能不会成为你的朋友。你可能已经目睹过这样的模式:成功滋生傲慢,傲慢导致缺乏谦逊、同情心,于是人们不愿意接受反馈。[23]你的勇气和决心可能会让你拥有过人的履历,但不要让你的成功成为限制因素或者脱离轨道的原因。

在行动开始时正式提出异议

创新的敌人是思想同质化。你会如何防范它?[24]答曰:你必须提出异议。仅仅确立正确的行为规范并简单地强化规范是不够的,你必须正式提出异议。

有些行业由于其高风险的运作环境,已经掌握了这一必要做法。例如,NASA在20世纪60年代开始部署他们所谓的"老虎队"。"老虎队"是"一群根据经验、精力与想象力挑选出来的技术专家,他们不受任何管束,其被分配的任务是持续追踪航天器子系统中每一个可能的故障来源"[25]。简而言之,他们的工作是寻找潜在的问题、缺陷和风险。信息技术部门在利用所谓的"白帽黑客"①寻找计算机隐患和数据安全漏洞的潜在来源时,也会做同样的事情。

> **关键问题** 你是否习惯于对项目、计划或提议的行动方案提出异议?

另外,我在与硅谷的许多科技公司合作时,他们所谓的"红队"也是类似的概念。你可以将其称为忠言逆耳,为项目的顺利进行而提出异议,或者打预防针。如何贴标签并不重要。重要的是,你在正式委托他人并投入资源来审查想法,让他人告诉你为什么某些东西可能不起作用,它的弱点在哪里,为什么它有缺陷。这样做就为坦诚相待提供了必要的保护,能

---

① 指站在黑客立场攻击自己的系统以进行安全漏洞排查的程序员。

够帮助团队破除安于现状与规避损失的倾向，同时也提高了不同意见者的文化地位，并使其在社会和政治上被接受。

> **关键概念** 从一开始就对项目、优先事项或者计划提出异议，往往可以消除与挑战现状相伴的自然恐惧。

在这种情况下，你不仅给予人们挑战的许可，而且还设定了期望。根据我的经验，提出异议是领导者推动文化快速转变的最有效的机制。没有比这更快、更有力地重置文化规范的措施了。

结论

适应能力、竞争力和自我保护最终依赖于组织不断学习和适应的能力，这也是保持组织韧性与更新的关键。这种能力使我们能够进行创新，并让我们通过适应或者先发制人做出回应。尽管看上去可能会对个人构成威胁，但领导者必须站在队伍的第一位，为他人树立学习敏锐度的榜样。这不仅是对领导力专家模式的根本性颠覆，而且要求领导者摆出截然不同的情感和社会姿态。领导者将越来越多地通过他们的学习和适应能力来提高领导能力，而不是依赖于他们目前的知识和技能。

现在，我想给领导者一些创造挑战安全感的最后建议：

- 明白你是团队文化的奠基人。你要不惜一切代价保护团队直言不讳的权利，警告任何试图让别人闭嘴的人。
- 有时你会看到团队其他成员看不到的东西，有时他们会看到你看不到的东西。如果你小心翼翼地保护自己的想法，他们也会这么做。因此你不要有这种行为。
- 你的团队中的每一名成员都有责任提出不同意见。请你准备好听真相吧。记住，对坏消息或者异议做出负面回应会让团队重新沉默，这样你将注定成为一名不幸的领导者。
- 不要让挑战现状的人在情感上花费太多精力。让你的团队成员挑战具体的事情，并择优进行讨论。
- 在找到正确的方向并最终成功之前，团队经常会迷失方向，还会经历短暂的失败，这很正常。创新的过程是复杂混乱、非线性的，在这个过程中可能会有一些未知数。你要做的是向团队指明过程的未知性，并帮助你的团队享受这段旅程。
- 如果你拒绝了团队成员的建议，你要向他们解释原因并表现出你的在乎。你的体贴回应会鼓励他们继续发声。[26]

关键概念

- 挑战安全感让创新属于每一个人。
- 在创新方面,连接可以提高工作效率。
- 从一开始就用挑战安全感让团队社会化,总是比事后重新让团队社会化要容易得多。
- 挑战安全感的社会交换就是用保护换取坦诚。
- 领导者利用透明机制消除的未知因素越多,导致员工担心的压力源就越少。
- 在创新过程中,压力和恐惧之间没有必然的联系。
- 如果领导者欢迎不同意见,并且不在原有的压力上人为地制造恐惧,那么在危机中释放创造力是可以做到的。
- 在创新的过程中,学习比知识更重要。
- 创新是将人与物连接起来的过程。
- 提问会给个人带来风险。
- 如果你剥夺了所在团队的挑战安全感,你就是在不知不觉中让团队回归现状。
- 创新的模式是尝试多,胜利少。
- 没有什么能比在适当的时候进行一点点的嘲笑更快地终止好奇心与探索的事情了。

- 挑战安全感的困难在于，它需要时间来营造，却能毁灭于顷刻间。
- 当领导者亲自将对创新的探索换成追求卓越的竞争时，团队就无法实现共同创新过程所需的社会凝聚力。
- 从一开始就对项目、优先事项或者计划提出异议，往往可以消除与挑战现状相伴的自然恐惧。

关键问题

- 你的团队从领导者那里采用了哪些模式？
- 你是否曾尝试改变行为但没有完成，然后快速回弹到最初的行为？
- 你上一次勇敢地挑战现状是什么时候？
- 你是否认为你在组织中拥有创新的许可？
- 你上一次试图掩盖错误是什么时候？是什么原因驱使你这么做的？
- 当有人挑战现状时，你会努力保持头衔、职位或权威的不可知论吗？
- 你还记得贵公司最近的逐步型创新和衍生型创新的例子吗？

- 你的团队欢迎提问吗？
- 你有哪些措施能减少团队的社会摩擦，同时增加智力摩擦？
- 你如何保护你的团队免受团队思维的危害？
- 你觉得在你的团队中有被嘲笑的风险吗？
- 你是否习惯于对项目、计划或提议的行动方案提出异议？

结论
避免家长式作风和剥削主义

你要记住你真正的工作：如果你自由了就去解放别人，如果你手握权柄就去赋予别人权利。

托妮·莫里森
（Toni Morrison）

心理安全感需要尊重和许可同时参与。二者缺一不可，否则就会带来失衡的危险，并对人们造成不同形式的伤害。严重缺乏许可会让团队掉入家长式作风的深渊，而严重缺乏尊重则会让团队陷入剥削主义的泥潭（图0-2）。在上述任何一种情况下，组织都会缺乏动力、信心和团队凝聚力，无法发挥最佳表现。

> **关键概念** 家长式作风和剥削主义会使整个组织充斥着恐惧。

家长式作风的缺乏许可造成了成员对社会孤立的恐惧。当你不断地被告知要做什么时，你会习惯它，逐渐变得被动和不自信，以至于自力更生变得难以想象。你开始追求舒适而不是自由，寻求的是安全而不是独立。

顺从的社会压力怎么可能比表达意见和自己做决定的意志更强大呢？[1]家长式作风和剥削主义是其原因。如果不是别人教导你要卑躬屈膝、顺从他人，那就一定是被强迫这样做的。

同样，剥削主义的缺乏尊重让人除了害怕被孤立之外，还造成了对伤害的恐惧。

如果家长式作风和剥削主义导致未达到尊重与许可的平衡水平，人们就无法获得心理安全感，也就会导致个人和组织的表现低于他们的潜力。我曾采访过一位在南美专制政权下生活

结论
避免家长式作风和剥削主义

和工作的妇女。她说："我们从未获得创新的许可。"家长式作风和剥削主义的模式是普遍的，它存在于每一个社会，渗透到每一种文化。下面让我们详细分析一下这两种模式。

家长式作风的深渊

家长式作风会告诉你应该做什么，按理说是为了让你的利益最大化。上层机构会满足你的需求或者规范你的行为，因为它不认为你能自我约束。[2]法律是家长式作风最常见的形式。你必须年满十八岁才能投票，行车时你必须系安全带，你不能在急流中游泳，这些都是明智的措施，但也有一些不甚开明的措施。

我们从小受到的教育就是，我们需要一位仁慈的父母、老师、教练或者老板来保护我们，他们会管束我们的自由，指导我们的行动，这样我们就不会伤害自己或他人。当然，在某些时候这种善意的专制是有道理的。还记得我儿子为了考取驾照而练习驾驶吗？他拿到了驾照，我们去领取的时候，给他发证的工作人员很明确地告诉他，他的父母有权随时吊销他的驾照。家长式作风的权力往往是有益的，也是必要的。这种权力会保护我们，直到我们足够聪明能够保护自己。

> **关键问题** 你有没有对任何群体或个人表现出不必要的家长式作风？你为什么要这么做？

误入歧途的家长式作风意味着给予个人一些尊重，但拒绝给人选择的权利。适当的家长式作风是分时间和地点的，但当个人在没有方向和指导的情况下展示了学习、贡献或创新的能力后，如果家长式作风仍然存在，那么领导者就是时候放手了。不仅如此，这时候领导者应该去倾听、鼓励和赋予个人力量。当人们为外在的动机所控制，他们会关注外在的惩罚或奖励。[3]在这一过程中，人们被剥夺了自主性，也被剥夺了行动的内在动力。

> **关键原则** 不必要的家长式作风一方面会产生使人们依赖和被动学习的风险，另一方面会给人们带来挫败感甚至导致叛逆。

高等教育、医疗保健等行业都是典型的具有专业性的、有能力的和有强烈的合作意识的行业。与其他行业相比，这些行业也更厌恶风险，而且在推销或测试新想法方面，往往没有既定的标准或流程。这些行业总是挂着"请勿打扰"的牌子，汇聚成一种"友好相处"的文化，但并未从家长式作风的深渊中走出来。

结论
避免家长式作风和剥削主义

我与许多大学、医疗保健组织合作过,并经常见到这种模式。医疗保健组织在延长病人寿命与无损病人的使命驱动下生气勃勃,然而大多数医院被破碎的威权文化主导,这与我所在的钢铁公司没有什么不同。同样,高等教育机构致力于教育和研究,并倾向于由共识驱动。这些机构形成了对人类的尊重,这一点无可非议。然而,他们面临的困境是其允许成员学习、参与、以及创新的方式。每个部门都执迷于鹅行鸭步的渐进式变革和家长式作风领导的传统。但家长式作风在动荡的时代已成为一种负担,自2016年以来,美国已有84所非营利性高等教育机构关门或合并。[4]

在这些行业中,阻止人们挑战现状的不是恐惧,而是不重视个人意见。这些行业会倾听成员的想法,容忍他们辩论,对他们颠覆性的行动提案表示赞赏、加以深思,然后微笑,最后不了了之。因此,人们不会出于恐惧而自我反省,他们只会因为沮丧而离开。

我曾帮助一家业内领先的研究型医院进行了为期一年的组织变革。对医院的临床和行政两个部门,我们花了几个月的时间制订过渡计划,希望帮助组织在原有基础上进一步提升。我们有长期的战略规划,也有短期的策略,甚至有精确到具体任务、截止日期和其他细节的短期作战计划。在所有准备工作完成之后，执行团队给的消息是："我们认为公司还没有为过渡做好充分的准备。我们明年再作考虑。"

这家医院得到的是典型的家长式作风教训：它在短期内是安全的，但从长期来看会变得危险无比。领导者的仁慈切断了来自组织底层的地方性知识流动，结局就是遭到孤立，随后组织便会陷入危机。

医疗保健、高等教育等行业都是家长式作风的典范，但这种作风存在于各行各业。在大多数家长式作风的社会中，人们把权威奉如神明，尊崇历史规则。人们试图答应上级每一个请求，因为他们不想显得不忠。拒绝意味着不受欢迎，没有人想与社会对着干。长此以往，家长式作风导致人们不待见坦诚之人，以致人们丧失了说真话的勇气。如果这种作风得到普及并深入人心，最终成为制度，它就会加剧组织的风险，并经常在危机中爆发。

几乎每一次的人类危机都会有先兆。在家长式作风的组织中，这些警告往往被忽视。企业的丑闻和倒闭不是突然发生的。为什么一个组织会一而再再而三地对早期的警告置之不理呢？敏锐、警觉的组织会做出反应，但具有笨拙的家长式作风的组织就不会了。

剥削主义的泥潭

剥削主义是高许可水平和低尊重水平结合的产物。它的动机往往是专制带来的诱惑——为了自己的利益和满足而控制他人的冲动。

> **关键概念** 无论是对个人还是组织,剥削主义都需要某种类型的压制手段——通过操纵或胁迫从人们身上榨取价值。

剥削是分程度的,但它总是基于剥削人对自私、野心的拥护。詹姆斯·麦迪逊(James Madison)在《联邦党人文集》第10号文件中提醒我们:"开明的政治家不会永远掌舵。"我的侄子最近辞去了在一家大型投资银行的工作,这份工作要求他从早上6点工作到晚上9点,并且每天都是如此。这家银行有没有考虑到人类的需求?没有,它只是对员工纯粹的效用提取。这种创造和获取价值方式的不对称是致命的。当公司收购不再是需求,公司的首席执行官们只会根据股东回报理论来调整他们的组织。[5]这是他们管理工作的开始,也是结束,这往往会导致对员工利益的掠夺。

令我担心的是,人们可能会习惯于接受剥削,从而导致剥削行为正常化。回想一下俄罗斯伟大的小说家亚历山大·索尔仁尼琴（Alexander Solzhenitsyn）的这句话："农民是一个沉默的群体，没有文学替他们发声，他们自己也不会写出抱怨或者回忆录。"[6] 也许他在谈论的事情来自另一个时间和地点，但模式是一样的：当剥削得到允许，人们学会了毫无怨言地接受它，甚至可能捍卫自己正在遭受的这些剥削行为。令人困惑的是，当领导者交替实施善意和慷慨与暴力和剥削的行为时，这一行为竟然得以延续。

> **关键概念**　剥削是一个人从另一个人身上榨取价值的过程，它忽视了后者的内在价值。

在美国民间社会，大多数形式的强迫剥削都是非法的，因此不太容易被发现。具有讽刺意味的是，尽管他们已经正式取缔了奴隶制，人口贩卖却处于历史最高水平，估计有4000万人从事强迫性劳动和被奴役。而最常见的剥削形式不是非法的，却是不道德的。剥削的形式通常表现为待人粗鲁、不友善、无礼，甚至辱骂，这会给人造成很大的伤害。例如，克里斯汀·波拉斯（Christine Porath）和克里斯汀·皮尔森（Christine Pearson）的研究显示，98%的员工在工作中遭遇过失礼的行为，50%的人说他们每周在工作中至少受到一次粗暴对待。[7]

> **关键问题**　你有没有对任何团体或个人进行过剥削？如果有，原因是什么？

结论
避免家长式作风和剥削主义

当心虚假的团体关系

我在前言中说过，人类渴望归属感。但这种渴望可能会过度。当别人利用你的归属感时，你必须学会拒绝，你要承认没有归属的生活可能会更好，因为这种对归属感的认可有可能是虚假的、有害的。正如哲学家特里·华纳（Terry Warner）所说："认可是从这种不安全感中解脱出来的。"[8]在某些时候，我们要做的就是不再关心别人的想法。否则，我们就很容易受到别人进一步的剥削，让他们借此控制或操纵我们，使我们变成受害者。我们需要社会认同、归属感和连通，但没有人真的需要不断的认可。如果你最大的恐惧是独自一人，那么你很容易成为虚假文化的牺牲品，你需要做的是远离"社会眼中的我"。在互联网世界里，在公司开心地上班是一项生存技能。必要时，合理地反对公众意见也不失为一种理智的选择。

> **关键概念**　我们渴望得到关注，有时即使是不好的关注。如果仅有关注，人是无法满足的，甚至有可能让你因此受到重创。

有一天，我儿子中学放学回家与我谈论他的朋友在Instagram上的粉丝量。他告诉我，他有几个朋友会用父母的信用卡买粉丝。这已经足够令我震惊，但他说一些家长甚至鼓

171

励这样的行为。由此可见，点赞按钮已经成为人们常用的工具。

如果你想要快乐，你有时需要礼貌地回避联系以保护自己。任何认为如果得不到别人持续的认可就会自己降低固有价值的人，都不理解"固有"的真正含义。[9]

如果你认为自己不加入他人的行列，不做他们做的事，不想他们想的，不穿他们穿的衣服，那么他们会随时准备羞辱你；如果你的幸福取决于大众对你的看法，那就做好准备去迎接不幸吧。

羞辱文化要求人们顺从，并蔑视那些敢于离开公司的人。在这样的文化下，人际关系建立在互相奉承和虚假赞扬之上。在这个人们自愿接受的扭曲现实里，我们与周围人共同呼吸着虚假的空气。我们以外表和形象为食，喝着自欺欺人这一烈酒。人类总是创造这样的社会单位，在那里任何人都受欢迎，任何人都能加入，但真相是被禁止的。如果你生活或工作在这样一个虚伪的团体中，你可以成为任何你想要的样子，除了真实的自己。

在虚假的团体关系中，成员们的认同感来自自身的优越感和对他人的蔑视。这种团体关系是肤浅的，忠诚度也是有限的。人们进入这段关系只是为了逃避真实的自我。

结论
避免家长式作风和剥削主义

> **关键概念**　在虚假的团体关系中，非自然的竞争取代了自然的情感。

但如果你已经身处其中呢？如果你处于一段需要逃避，忍受虐待，容忍有害行为的关系中，那该怎么办？如果对方会经常试图说服你，让你相信你需要他们，或者你必须接受他们的待遇，那么你就要做好准备应对对方这种熟练的操纵。人们受到控制时所做出的反应就像日出一样可以预测。就像老鹰乐队的歌里唱的那样："你可以随时离开，但你永远无法真正逃离！"[10]然而事实是，你可以永远离开。

如果你正遭受剥削、虐待或者骚扰，你就是正在被剥夺作为人类应得的尊重和许可。如果这一点不能改变，那就给予自己融入安全感。有时候，这意味着你会孤立无援，承受经济损失，遭受误解，甚至声誉受损等。在我的职业生涯中，我见识过最可怕的心理恐怖主义，目睹了它摧毁人的自我价值、淹没个人主动性和创造性的整个过程。我曾与一些商务人士合作，他们在贪婪和无穷无尽的野心的驱使下，认为将在经济和情感上给别人带来的伤害抛诸脑后并没有错。有些时候我们过于轻信别人，以致没有意识到他人的居心叵测和恶意早已经向我们发出了警告的信号。我们都曾被一个缺乏安全感的领导者、一个残忍的伪装者、一个无足轻重的剥削者折磨。但迟早有一天，我们会发现自己已经进

173

入了红色区域，正在遭受伤害和羞辱。

作为人生旅伴的我们难免也会彼此伤害。正如我在前言中所说，我们都受过伤，也都有过失。但是，如果我们受到的伤害是他人故意为之、是持续的，那就是虐待。那就是时候划定界限，改变合约条款了。我无法解决芸芸众生的所有苦难，但我完全理解真正危险。在我的志愿者工作中，我在向受虐者极度悲惨的情况下伸出援手时，看到了他们周围的残骸。归根结底，我们能够而且必须自救。

没有人是无足轻重的。不管你是否被接纳，你都有这种资格。只要你是人类，就足够了。但你必须要采取行动保护自己。以下是自我保护的一些建议：

- 你首先要爱自己。给自己融入安全感，这是你天生应该得到的尊重和许可。如果别人不能给你心理安全感，你至少要努力改变自己周围的环境，给予自己安全感。
- 你要警惕周围人的动机。如果你观察到别人对你怀有恶意，即使是温和的，也要提早采取行动，直面这种行为，或者让自己脱身而去。
- 你不要认为自己必须接受虐待。那是谎话。你要尽自己所能自我保护。
- 你要在抵抗中学会坚韧。当你努力将自己从不合理的待遇中解放出来时，可以用合理的方式进行反击。由于遭受过社会和情感上的迫害，人们自然会产生创伤、愤怒、内疚与自我仇恨等情绪，因而经常也会采用同样不合理的方式回应。这只会让事情变得更糟。你要避免各种形式的自我伤害和自我放纵，不要给自己增加更多的伤害。

- 如果你觉得自己受到控制、操纵或者遭遇了困境，你要么寻找方式应对，要么立即离开。同时停止那些对自己有害的想法。你最终可以治愈自己并克服一切。
- 你要找到值得信赖和能带来快乐的人，并与他们建立联系。这类人真正希望你成功并愿意帮助你。你在做决定和选择时，可以与他们商量。

> **关键问题**　你有没有觉得自己曾被困在虚假的团体关系中？如果有，你被困了多久？你是如何走出来的？

每天 600 亿次互动

世界人口快速增长，很快将达到80亿人。全球近80亿人之间每天会产生大约600亿次互动。在每一次互动中，人们都会获得一定程度的尊重和许可，这就增加了人们的心理安全感。所有的这些互动要么挖掘了人的潜力，要么忽视了人的潜力。

我们拥有的心理安全感越多，所能享受的互动就会越多，进而拥有归属感，感受合作的快乐。我们拥有的心理安全感越少，就越会陷入害怕被孤立带来的痛苦和烦恼。

我们似乎陷入了关乎人类存亡的泥淖。我们生活的世界很复杂，这也成为我们面临的最大挑战。人与人之间的敌意是我们自己制造的，我们还经常伤害他人的感情。难道我们活在中世纪吗？我们不是已经拥有成熟的智慧了吗？

心理安全感是建立在道德基础上的，也就是说，我们应该尊重他人，给予他人归属感和做出贡献的权利。但这并不是说我们要容忍明目张胆的或者有害的不道德行为，也不是说我们不评判彼此的能力和表现。我们必须反对不道德行为和评判彼此，我们都有责任这么做。但是涉及价值的问题，作为人，我们就应该获得尊重。当我们开始贬低、物化或者剥夺他人人性的时候，我们就抛弃了自己的人性。有人说自己有一家公司要经营，需要完成任务；有人说自己很重要；有人说自己有情绪触点；有人说自己容易崩溃。这些都是借口，如果你为不增加自己的心理安全找借口，那么你就是觉得这些比人性更有价值。例如，法国电信（France Télécom）公司曾有35名员工因受到公司无情的对待和全身心骚扰被逼自杀。[11]这家公司的领导者没有为他们的员工提供一个充满支持的、人性化的工作场所，而是用非人性化的制度来压迫级别较低的员工，最终酿成了悲剧。

我们经常会沉浸在自我满足中，并将自己的错误行为归咎于个性、工作风格、压力、焦虑、任务的最后期限或者曾经的不好经历等。看吧，这就是人类。我们不能放任自己的错误行为，也不能要求得到他人的特殊对待，更不能区别对待他人。但是，当我们拒绝给他人心理安全感的时候，都是在做以上的错误行为，甚至还有人打着宽容或政治的幌子，只是为了斥责那些与自己的价值观或计划不同的人。

美国哈佛大学对人类的幸福感进行了长达75年的研究，现在该项目已经历经4代。该研究的负责人罗伯特·瓦尔丁格（Rober Waldinger）总结道："我们从这项长达75年的研究中得到的最清晰的结论就是，良好的人际关系能让我们更快乐和健康。"[12]的确，良好的人际关系才能给我们带来持久的幸福感。培养良好的人际关系对我们的生活而言是一种非药物疗法，也是一种救赎行为，非常治愈，可以让我们恢复元气，也可以不断地为我们带来快乐。

社会对能为员工提供心理安全感的领导者的需求日益增加

当我说到"人的潜力"这个词时,你想到了什么?你可能会想到周围人——你的家人、朋友、邻居、同学和同事等的潜力。具有讽刺意味的是,无论你是否关心他们的潜力,你都会对他们的潜力产生影响,他们同样也会对你的潜力产生深刻的影响。你会对相处时间最长的人产生最大的影响,同时你也会对那些很少见到的人,甚至是只有一面之缘的人产生深刻影响。有时候,你的几个字就能改变别人的一生。人与人之间的互动既可以挖掘人的潜力,也可以阻碍人的潜力,这就涉及心理安全感。

领导者会给予团队和组织高度的心理安全感,在未来,你会看到人们对这种领导者的需求不断增长。这种需求是不断创新环境下的自然结果,也是人们自然选择的结果,因为以前有太多的领导者表现自负,并且控制力低下。

> **关键概念**:从个人层面来说,个人需要充实和幸福的生活;从组织层面来说,组织需要创新和持续的竞争优势。

事实上,我们可以看到,世界上许多好的组织在选择领导

结论
避免家长式作风和剥削主义

者方面正在经历一场翻天覆地的变化。传统思想认为领导者必须有魅力、有干劲，拥有洞察力，无所不知。事实上，这种典型的传统领导者是基于领导力的至高无上的概念形成的，它表现为领导者过分的傲慢和极强的倡导能力，现在这成了一种职场隐患。现在新的领导者形象的主要特征是拥有超凡的情商和高度的自我控制力。

> **关键问题** 你是在践行领导者的至高无上的概念，还是通过锻炼情商和自我控制发展到了更高阶段？

越来越多的研究证实，领导者的情商能为组织创造心理安全感，而心理安全感作为一个中介变量，会加速创新。在竞争激烈的市场中，创新是组织生存的命脉和成长的主要动力。因此，21世纪的领导者必须能够在创新背景下茁壮成长，成为具有协作、创造性和谦逊等意识的模范。

一方面是指挥和控制的工业化概念，另一方面是仁慈的家长式作风，它们正以一种不光彩的姿态死去。因为它们激发了人们自我审查的本能，阻断了创新能力。作为领导者，如果我们无法培养出对坦诚的更高的容忍度，我们就不能说服团队成员发挥他们的主动性。人们已经对任何威胁保持高度警惕了。因此，组织在选择领导者时，需要考虑的一个最重要的问题就是：这个人是能创造还是能破坏组织的心理安全感，从而刺激或者扼杀创新？在给员工的一封信中，微软首席执行官萨蒂亚·纳德拉（Satya Nadella）表达了心理安全感理念以及实现包容和创新的道路："我们必须共同拥抱我们共同的人性，寄望于创造一个充满尊重、同情和机遇的社会。"[13]

现实生活是多元化的。在我们的忠诚等级体系中，让我们抛下个人和种族的差异，把连接我们的核心纽带——忠诚度和亲和力——放到首要的位置。这是连接人类大家庭的纽带。

让我们回到本书开头发出的行动号召。我想请你列一份你对待他人的方式的个人清单，特别是对陌生人，或者是对那些你有挥之不去的偏见的人。

1. 融入安全感：你准备好跨过融入的门槛，消除分歧，并邀请他人加入你的社交圈了吗？
2. 学习安全感：你准备好鼓励他人学习了吗？
3. 贡献安全感：您是否准备给予他人贡献和交付结果的自主权？
4. 挑战安全感：最后，你准备好跨过创新的门槛，为他人挑战现状与创新提供保护了吗？

亚历山大大帝曾说过一句名言："没有更多的世界可以征服。"但至少还有一个——我们相互征服的欲望。

生活中最大的满足感来自包容他人，帮助他们学习和成长，

结论
避免家长式作风和剥削主义

挖掘他们的潜力，以及与他们一起深度地交流。这就是本书的意义所在。

关键概念

- 家长式作风和剥削主义会使整个组织充斥着恐惧。
- 不必要的家长式作风一方面会产生使人们依赖和被动学习的风险，另一方面会给人们带来挫败感甚至导致叛逆。
- 无论是对个人还是组织，剥削主义都需要某种类型的压制手段——通过操纵或胁迫从人们身上榨取价值。
- 剥削是一个人从另一个人身上榨取价值的过程，它忽视了后者的内在价值。
- 我们渴望得到关注，有时即使是不好的关注。如果仅有关注，人是无法满足的，甚至有可能让你因此受到重创。
- 在虚假的团体关系中，非自然的竞争取代了自然的情感。
- 从个人层面来说，个人需要充实和幸福的生活；从组织层面来说，组织需要创新和持续的竞争优势。

--- **关键问题** ---

- 你有没有对任何群体或个人表现出不必要的家长式作风？你为什么要这么做？
- 你有没有对任何团体或个人进行过剥削？如果有，原因是什么？
- 你有没有觉得自己曾被困在虚假的团体关系中？如果有，你被困了多久？你是如何走出来的？
- 你是在践行领导者的至高无上的概念，还是通过锻炼情商和自我控制发展到了更高阶段？

参考文献

前言

1. 作为一名新人，我的经历充满了各种变化、对比和惊喜。LOUIS, REIS M. Surprise and Sense Making: What Newcomers Experience in Entering Unfamiliar Organizational Settings[J].Administrative Science Quarterly, 1980, 25(2): 226-251.
2. WRIGHT MILLS C. The Power Elite new edition[M]. New York: Oxford University Press, 1956, 2000: 9.
3. CONQUST R. History, Humanity, and Truth: The Jefferson Lecture in the Humanities [M].Stanford, CA: Hoover Press, 1993: 7.
4. 伊曼纽尔·康德提出了公民自由使知识自由成为可能的先驱论点。REISS H, ed. Kant: Political Writings[M]. Cambridge: Cambridge University Press, 2010: 59.
5. Moyers & Company. Facing Evil with Maya Angelou.September 13, 2014, video, 31:00, https://archive.org/details/KCSM_20140914_020000_Moyers_Company/start/0/end/60.
6. HERWAY J. How to Create a Culture of Psychological Safety. Workplace, December 7, 2017, http://news.gallup.com/opinion/gallup/223235/create-culture -psychological-safety.aspx.
7. HUGHES L. Selected Poems of Langston Hughes[M]. New York: Vintage Classics 1959: 20.
8. ARENDT H. Men in Dark Times [M]. New York: Harcourt Brace, 1993: 4.
9. HOBBES T. Leviathan, in The Harvard Classics: French and English Philosophers: Descartes, Rousseau, Voltaire, Hobbes, ed. Charles W. Eliot[M].

New York: F.F.Collier & Son, 1910: 385.
10. WILLIAMS R. address to Wheaton College Theology Conference, April 6, 2018, video, 49:13, https://www.youtube.com/watch?v=R58Q_Q3KEnM.
11. STEWART M. The 9.9 Percent Is the New American Aristocracy. The Atlantic, June 2018, https://www.theatlantic.com/magazine/archive/2018/06/the-birth-of-a-new-american-aristocracy/559130/.
12. YEATS W B. The Circus Animal's Desertion [M].

导读

1. EDMONDSON A. Psychological Safety and Learning Behavior in Work Teams[J]. Administrative Science Quarterly 1999, 44(2): 350–383. http://web.mit.edu/curhan/www/docs/Articles/15341_Readings/Group_Performance/Edmondson%20Psychological%20safety.pdf. 有关心理安全文献：NEWMAN A, DONOHU R, EVANS N.Psychological Safety: A Systematic Review of the Literature[J]. Human Resource Management Review 1980, 27(3): 521–535. https://www.sciencedirect.com/science/article/abs/pii/S1053482217300013; AMY C, EDMONDSON, LEI Zhike.Psychological Safety: The History, Renaissance, and Future of an Interpersonal Construct[J]. Annual Review of Organizational Psychology and Organizational Behavior, 2014, (1): 23–43. WILLIAM A, KAHN. Psychological Conditions of Personal Engagement and Disengagement at Work[J].The Academy of Management Journal, 1990, 33(4): 692–724.
2. CARL R.The Necessary and Sufficient Conditions of Therapeutic Personality Change[J]. Journal of Consulting Psychology, 1957(21): 95–103.
3. MCGREGOR D. The Human Side of Enterprise[M]. New York: McGraw-Hill, 1960: 37. 下面是完整的引言："当一个人的生理需求得到满足，他不再担心他自身的福利时，他的社会需求就会成为他行为的重要动机。这些是归属感的需要，是交往的需要，是被同伴接纳的需要，也是爱和被爱的需要。"
4. SIMOO H. Administrative Behavior[M]. New York: The Free Press, 1997: 214.
5. MASLOW A. Theory of Human Motivation[J]. Psychological Review, 1943(50): 380.
6. See FROMM E. Escape from Freedom[M]. New York: Holt, Rineholt and Winston, 1941: chap.1.

7. RUSSELL HOCHSCHILD A. The Managed Heart: Commercialization of Human Feeling[M]. Berkeley: University of California Press, 1983: 56.
8. DUHIGG C. What Google Learned from Its Quest to Build the Perfect Team [N]. New York Times, February 25, 2016, https://www.nytimes.com/2016/02/28/magazine/what-google-learned-from-its-quest-to-build-the-perfect-team .html. See also Google's Project Aristotle, accessed August 1, 2019, https://rework .withgoogle.com/print/guides/5721312655835136/.
9. SWANSON C. Are You Enabling a Toxic Culture Without Realizing It? [J/OL]. Harvard Business Review, August 22, 2019. https://hbr.org/2019/08/are-you -enabling-a-toxic-culture-without-realizing-it.
10. American College Health Association. National College Health Assessment Executive Summary [R]. Fall 2017, https://www.acha.org/documents/ncha/NCHA-II_FALL_2017_REFERENCE_GROUP_EXECUTIVE_SUMMARY.pdf.
11. SAHLINS M. The Original Affluent Society (abridged) in The Politics of Egalitarianism: Theory and Practice [M]. ed. Jacqueline Solway New York: Berghahn Books, 2006: 78–98.
12. JAMES W. The Principles of Psychology [M]. Boston, 1890.
13. HEDEGAARD H, CURTIN C, and WARNER M. Suicide Mortality in the United States, 1999–2017, NCHS data brief no. 330 [R]. Hyattsville, MD: National Center for Health Statistics, Centers for Disease Control, November 2018, https://www.cdc.gov/nchs/data/databriefs/db330-h.pdf.
14. CAMUS A. in More Letters of Note: Correspondence Deserving of a Wider Audience[M]. compiled by USHER S. Edinburgh: Canongate and Unbound, 2017: 279.
15. PERTRON P. The Skills Companies Need Most in 2019 [N]. LinkedIn Learning, accessed August 1, 2019, https://learning.linkedin.com/blog/top-skills /the-skills-companies-need-most-in-2019-and-how-to-learn-them.
16. GUNTHER MCGRATH R. Five Ways to Ruin Your Innovation Process [J/OL]. Harvard Business Review, June 5, 2012, https://hbr.org/2012/06/five-ways-to-ruin-your-inno.
17. ANTHONY S et al. 2018 Corporate Longevity Forecast: Creative Destruction Is Accelerating [N]. Innosight, 2018: 2. https://www.innosight.com/wp-content/uploads/2017/11/Innosight-Corporate-Longevity-2018.pdf.

第一阶段　融入安全感

1. The Impact of Equality and Values Driven Business [R]. Salesforce Research, 12, accessed August 5, 2019, https://c1.sfdcstatic.com/content/dam/web/en_us/www/assets/pdf/datasheets/salesforce-research-2017-workplace-equality-and-values-report.pdf.
2. WILLIAM L. A Serious Call to a Devout and Holy Life [M]. n.p.: Read a Classic, 2010: 244.法律强调"不依赖于人的优点"这一点。
3. SEN A. Identity and Violence: The Illusion of Destiny[M]. New York: W.W.Norton, 2006: 2–3.
4. RAWLS J. A Theory of Justice [M]. Oxford: Oxford University Press, 1972: 5.
5. 如果我们必须定义"无知的面纱"背后的"原始位置",正如罗尔斯描述他的思想实验那样,这是我们所有人都会做的选择。
6. HU JIA et al. Leader Humility and Team Creativity: The Role of Team Information Sharing, Psychological Safety, and Power Distance [J]. Journal of Applied Psychology, 2018, 103(3): 313–323.
7. EERSON FOSDICK H. The Meaning of Service [M]. New York: Association Press, 1944: 138.
8. See BERLIN I. Concepts and Categories: Philosophical Essays [M]. Oxford: Oxford University Press, 1980: 96.
9. "SANDY" PENTLAND A. The New Science of Building Great Teams [J/OL]. Harvard Business Review, April 2012, https://hbr.org/2012/04/the-new-science-of-building-great-teams.
10. SCHEIN E. Organizational Culture and Leadership [M]. San Francisco: Jossey-Bass, 2004: 15.
11. ARISTOTLE. The Politics of Aristotle, vol. 1 [M]. trans. JOWETT B. Oxford: Clarendon Press, 1885: 3.
12. MCCULLOUGH D. John Adams [M]. New York: Simon & Schuster, 2001: 170.
13. 托马斯·杰斐逊本人相信自己在生物学上的优越性。See Notes on the State of Virginia [Z]. 1781, accessed August 1, 2019, https://docsouth.unc.edu/southlit/jefferson/jefferson.html.
14. EY. Could Trust Cost You a Generation of Talent [R]. accessed August 9, 2019,

https://www.ey.com/Publication/vwLUAssets/ey-could-trust-cost-you-a-generation-of-talent/%24FILE/ey-could-trust-cost-you-a-generation-of-talent.pdf.

15. PUTNAM R. Bowling Alone: The Collapse and Revival of American Community [M]. New York: Simon & Schuster, 200: 21.
16. TONNIES F. Gemeinschaft und Gesellschaft [M]. Leipzig, Germany: Fues's Verlag, 1887. An English translation of the 8th edition (1935) by LOOMIS C appeared as Fundamental Concepts of Sociology [M]. New York: American Book Co., 1940.
17. MACGREGOR BURNS J. Leadership [M]. New York: Perennial, 1978: 11.
18. DWECK C. Mindset: The New Psychology of Success [M]. New York: Random House, 2006: 121.
19. KAFKA F. Letters to Friend, Family, and Editors, Richard and Clara Winston, editors [M]. New York: Schoken Books, 1977: 16.
20. BRANDEN N. The Six Pillars of Self-Esteem [M]. Bantam: New York, 1994: 7.
21. H CHANG E et al. The Mixed Effects of Online Diversity Training [J]. Proceedings of the National Academy of Sciences, 2019, 116(16): 7778–7783; first published April 1, 2019, https://doi.org/10.1073/pnas.1816076116.
22. EKMAN P and DAVIDSON R. Voluntary Smiling Changes Regional Brain Activity [J]. Psychological Science, 1993, 4(5): 342–45. https://doi.org/10.1111/j.1467-9280.1993.tb00576.x.
23. 参照奥斯卡·彼得森(Oscar Peterson)的《自由赞歌》(Hymn to Freedom)，他的歌词是这样写的："当每颗心都汇聚在一起共同向往自由时，我们就自由了。"

第二阶段　学习安全感

1. MILLER T. Partnering for Education Reform [N]. U.S. Department of Education, accessed February 18, 2015, https://www.ed.gov/news/speeches/partnering-education-reform.
2. HECKMAN J. Catch'em Young [N]. Wall Street Journal, January 6, 2006. https://www.wsj.com/articles/SB113686119611542381.
3. BALFANZ R and LEGTERS N. Locating the Dropout Crisis [N]. Baltimore:

Center for Research on the Education of Students Placed at Risk, Johns Hopkins University, September 2004, accessed August 1, 2019, https://files.eric.ed.gov/fulltext/ED484525.pdf.
4. 这一部分大量参考了我在2014—2019年对克雷格的个人采访，以及2019年对其进行的课堂观察。另外，克雷格在他的微积分课上教过我的5个孩子。
5. 例如，为什么在大学里，女性在计算机科学和科学、技术、数学、工程等专业的比例明显偏低？毫无疑问，这一差距的部分原因是一种无意识的偏见，即尽管她们在K-12标准化数学考试中的表现与男性一样好，并获得了57%的学士学位，但她们在这些领域无法像男性那样出类拔萃。See DEE T and GERSHENSON S. Unconscious Bias in the Classroom: Evidence and Opportunities [N]. Mountain View, CA: Google's Computer Science Education Research, 2017, accessed August 1, 2019, https://goo.gl/o6Btqi. See also AMODIO D. The Neuroscience of Prejudice and Stereotyping [J]. Nature Reviews Neuroscience, 2014, 15(10): 670–682.
6. Jenna MCGREGOR J. Nobel Prize-Winning Psychologist to CEOs: Don't Be So Quick to Go with Your Gut [N]. Washington Post, March 4, 2019, https://www.washingtonpost.com/business/2019/03/04/nobel-prize-winning-psychologist-ceos-dont-be-so-quick-go-with-your-gut/?utm_term=.b1cfde227f5e.
7. CHRISTENSEN C. Education for Judgment [M]. Boston: Harvard Business Review, 1991: 118.
8. STEELE C. Whistling Vivaldi: How Stereotypes Affect Us and What We Can Do [M]. New York: W. W. Norton & Co., 2010: 46.
9. From classroom observation conducted on February 14, 2019.
10. RUDOLPH J, RAEMER D, and SIMON R. Establishing a Safe Container for Learning in Simulation: The Role of the Presimuation Briefing [N]. Journal of the Society for Simulation in Healthcare, 2014, 9(6): 339–349. Smith's classroom becomes the safe container.
11. HEMINGMAY E's short story A Clean, Well-Lighted Place [M]. Craig's practices embody the primary findings released in the Aspen Institute's national report A Nation at Hope [R]. accessed March 12, 2019, http://nationathope.org/.
12. CHRISTENSEN C. Premises and Practices of Discussion Teaching

[J]. in Education for Judgment: The Artistry of Discussion Leadership, CHRISTENSEN C and A GARVIN D, eds. Boston: Harvard Business Review, 1991: 15-34.
13. BRONKHORST B. Behaving Safely under Pressure: The Effects of Job Demands, Resources, and Safety Climate on Employee Physical and Psychosocial Safety Behavior [J].Journal of Safety Research, 2015(55): 63-72.
14. Bill Gates on Education: We Can Make Massive Strides [J]. Fast Company, April 15, 2013, https://www.fastcompany.com/3007841/bill-gates-education-we-can-make-massive-strides.
15. Education World. How Can Teachers Develop Students'Motivation and Success: Interview with Carol Dweck, accessed August 10, 2019, https://www.educationworld.com/a_issues/chat/chat010.shtml.
16. FLORIDA R. The Rise of the Creative Class [M]. New York: Basic Books, 2002: 24.
17. KNOWLES M. Adult Learning in The ASTD Training and Development Handbook: A Guide to Human Resource Development [M]. CRAIG R ed., 4th ed. New York: McGraw-Hill, 2004: 262.
18. EDMONSON A. Making It Safe: The Effects of Leader Inclusiveness and Professional Status on Psychological Safety and Improvement Efforts in Health Care Teams [J]. Journal of Organizational Behavior, 2006, 27(7): 941-966.
19. KRAMER R and COOK K, eds. Trust and Distrust in Organizations: Dilemmas and Approaches [M]. New York: Russell Sage Foundation, 2004.

第三阶段　贡献安全感

1. DOMINE V. Team Development in the Era of Slack [N]. INSEAD Knowledge, May 24, 2019, https://knowledge.insead.edu/blog/insead-blog/team-development-in-the-era-of-slack-11611.
2. STEELE C and ARONSON J. Stereotype Threat and the Intellectual Test Performance of African Americans.[J]. Journal of Personality and Social Psychology , 1995, 69(5): 797-811.
3. HARPER S and WHITE C. The Impact of Member Emotional Intelligence on Psychological Safety in Work Teams [J].Journal of Behavioral & Applied

Management, 2013, 15(1): 2–10.
4. EDMONDSON A. The Fearless Organization: Creating Psychological Safety in the Workplace for Learning, Innovation, and Growth [M]. New York: Wiley, 2019: chap.4.
5. ROUSSIN C et al. Psychological Safety, Self-Efficacy, and Speaking Up in Interprofessional Health Care Simulation [J]. Clinical Simulation in Nursing, 2018(17): 38–46.
6. HARTER J. Dismal Employee Engagement Is a Sign of Global Mismanagement [R]. Gallup Workplace, accessed August 1, 2019, https://www.gallup.com/workplace/231668/dismal-employee-engagement-sign-global-mismanagement.aspx.
7. ARISTOTLE. The Nicomachean Ethics [M]. in The Complete Works of Aristotle: The Revised Oxford Translation [M]. ed. BARNES J. rev. By ROSS J. vol. 2. Oxford University Press, 1984: 1107.

第四阶段　挑战安全感

1. ROGERS C and ROETHLISBERGER F. Barriers and Gateways to Communication [J/OL]. Harvard Business Review, November-December 1991, https://hbr.org/1991/11/barriers-and-gateways-to-communication.
2. DU SAUTOY M. The Creativity Code: Art and Innovation in the Age of AI [M]. Cambridge, MA: Belknap Press, 2019: 11.
3. WILSON E. The Origins of Creativity [M]. New York: Liveright publishers, 2017: 1.
4. FARR-WHARTON B and SIMPSON A. Human-centric Models of Management Are the Key to Ongoing Success [N]. The Sydney Morning Herald, May 24, 2019, https://www.smh.com.au/business/workplace/human-centric-models-of-management-are-the-key-to-ongoing-success-20190520-p51p82.html.
5. SCHEIN E. Humble Inquiry [M]. San Francisco: Berrett-Koehler, 2013: 64.
6. ARGYRIS C. Good Communication That Blocks Learning [J/OL]. Harvard Business Review, July-August 1994, https://hbr.org/1994/07/good-communication-that-blocks-learning.
7. NAKANE C. Japanese Society [M]. Berkeley: University of California Press,

1972: 13.
8. CARMELI A et al. Learning Behaviors in the Workplace: The Role of High-Quality Interpersonal Relationships and Psychological Safety [J]. Systems Research and Behavioral Science, 2008, 26(25): 81–98.
9. MASLOW A. Safe Enough to Dare in Toward a Psychology of Being, 3rd ed. [M]. New York: Wiley, 1998: 65.
10. BLOSTROM D. Nobody Gets Fired for Buying IBM, but They Should. blog post, January1, 2019, https://duenablomstrom.com/2019/01/01/nobody-gets-fired-for-buying-ibm-but-they-should/.
11. HARGADON A, SUTTON R. Building an Innovation Factory [J/OL]. Harvard Business Review, May–June 2000, https://hbr.org/2000/05/building-an-innovation-factory-2.
12. LASHINSKY A. The Unexpected Management Genius of Facebook's Mark Zuckerberg [J].Fortune, November 10, 2016, accessed August 11, 2019, https://fortune.com/longform/facebook-mark-zuckerberg-business/.
13. BEARD A. Life's Work: An Interview with Brian Wilson [J/OL]. Harvard Business Review, December 2016, accessed August 11, 2019, https://hbr.org/2016/12/brian-wilson.
14. NOAH HARARI Y. 21 Lessons for the 21st Century [M].New York: Spiegel&Grau, 2018: 223.
15. DYER J, GREGERSEN H, and CHRISTENSEN C. The Innovator's DNA: Mastering the Five Skills of Disruptive Innovators [M]. Boston: Harvard Business School Press, 2011: 46–49.
16. HUNT V, LAYTON D, and PRINCE S, Diversity Matters [M]. New York: McKinsey & Company, February 2, 2015: 14, https://assets.mckinsey.com/~/media/857F440109AA4D13A54D9C496D86ED58.ashx.
17. DRUCKER P. The Effective Executive [M]. New York: Harper Business, 1996: 152.
18. CASTRO D et al. Mere Listening Effect on Creativity and the Mediating Role of Psychological Safety [J]. Psychology of Aesthetics, Creativity, and the Arts, 2018, 12(4): 489–502.
19. CSIKSZENTMIHALYI M. Creativity: Flow and the Psychology of Discovery and Invention[M]. New York: Harper Perennial, 1997: 11.

20. LUNA J. Oscar Munoz: Learn to Listen, Improve Your EQ [N]. Stanford Business, January 19, 2019, https://www.gsb.stanford.edu/insights/oscar-munoz-learn-listen-improve-your-eq?utm_source=Stanford+Business&utm_campaign=44021e6e06-Stanford-Business-Issue-154-1-27-2018&utm_medium=email&utm_term=0_0b5214e34b-44021e6e06-74101045&ct=t (Stanford-Business-Issue-154-1-27-2018).
21. ARGYRIS C. Teaching Smart People How to Learn [J/OL]. Harvard Business Review, May-June 1991, https://hbr.org/1991/05/teaching-smart-people-how-to-learn.
22. HAYKE F. The Road to Serfdom [M]. Chicago: University of Chicago Press, 2007: 70.
23. GREWAL D. How Wealth Reduces Compassion: As Riches Grow, Empathy for Others Seems to Decline [J]. Scientific American, April 10, 2012, https://www.scientificamerican.com/article/how-wealth-reduces-compassion/.
24. C BROOKS A. Love Your Enemies [M]. New York: Broadside Books, 2019: chap.8.
25. R DEMPAEY J et al. Program Management in Design and Development [R]. in Third Annual Aerospace Reliability and Maintainability Conference, Society of Automotive Engineers, 1964: 7–8.
26. D KING D, MARIE RYAN A, and VAN DYEN L. Voice Resilience:Fostering Future Voice after Non-endorsement of Suggestions [J]. Journal of Occupational and Organizational Psychology, 2019, 92(3): 535–565, available at https://onlinelibrary.wiley.com/doi/full/10.1111/joop.12275.

结论　避免家长式作风和剥削主义

1. NOELLE-NEUMANN E. The Spiral of Silence: A Theory of Public Opinion [J]. Journal of Communication, 1974, 24(2): 43–51.
2. DWORKIN G. Paternalism, in Stanford Encyclopedia of Philosophy [M]. 2017, accessed January 5, 2019, https://plato.stanford.edu/entries/paternalism/.
3. L DECI E and M RYAN R. Intrinsic Motivation and Self Determination in Human Behavior [M]. New York: Plenum Press, 1885.
4. How Many Nonprofit Colleges and Universities Have Closed Since 2016? [Z].

Education Dive, accessed June 17, 2019, https://www.educationdive.com/news/tracker-college-and-university-closings-and-consolidation/539961/.

5. FRIEDMAN M. The Social Responsibility of Business to Increase Its Profits[J]. New York Times Magazine, September 13, 1970, http://umich.edu/~thecore/doc/Friedman.pdf?mod=article_inline.
6. SOLZHENITSYN A. The Gulag Archipelago [M]. New York: Harper & Row, 1973: 24.
7. PORATH C, PEARSON C. The Price of Uncivility [J/OL]. Harvard Business Review, January-February 2013, https://hbr.org/2013/01/the-price-of-incivility.
8. WARNER T. Socialization, Self-Deception, and Freedom through Faith [M]. Provo.UT: Brigham Young University Press, 1973: 2.
9. DWECK C. Mindset: The New Psychology of Success [M]. New York: Random House, 2006: 117.
10. HENLEY D, FREY G. Hotel California. 1977.
11. NOSSITER A. 35 Employees Committed Suicide. Will Their Bosses Go to Jail? [N].New York Times, July 9, 2019, https://www.nytimes.com/2019/07/09/world/europe/france-telecom-trial.html.
12. WALDINGER R. What Makes a Good Life? Lessons from the Longest Study on Happiness. TED, uploaded January 25, 2016, video, 12:46, https://www.youtube.com/watch?v=8KkKuTCFvzI.
13. MCCRAKEN H. Satya Nadella Rewrites Microsoft's Code [J]. Fast Company, September 8, 2017, https://www.fastcompany.com/40457458/satya-nadella-rewrites-microsofts-code.

致 谢

感谢领导者们所产生的影响,他们为他人创造了高度的心理安全,激励他人有了超乎预期的表现。首先,我特别向我的妻子特蕾西致谢,她是包容方面的模范,践行着对全人类真实的爱。她完美地体现了对创造和维护心理安全感的艺术,她让家庭成为我和孩子的归属地。

其次,我要感谢贝瑞特-科勒出版社的编辑尼尔和他的团队在出版本书的整个过程中为我提供的心理安全感。他将创造性摩擦和真正的个人关怀结合在一起,激励着我付出最大的努力。我还要感谢贝瑞特-科勒出版社的整个团队,并感谢他们为我这个作家创造的独特的协作文化。此外,我要感谢卡伦·塞里古奇(Karen Seriguchi)(文案编辑)、利·麦克莱伦(Leigh McLellan)(设计和构图)和特拉维斯·吴(Travis Wu)(封面设计)为本书贡献的非凡的才华和技巧。

最后,我要感谢我的孩子们,他们让我明白我的角色是在每段关系中创造和维护心理安全感。